红色丰碑

内蒙古民族解放纪念馆
文物精粹

内蒙古民族解放纪念馆　编

文物出版社

图书在版编目（CIP）数据

红色丰碑：内蒙古民族解放纪念馆文物精粹 / 内蒙古民族解放纪念馆编 . -- 北京：文物出版社 , 2024.10. -- ISBN 978-7-5010-8457-9

Ⅰ . K872.260.2

中国国家版本馆 CIP 数据核字第 2024KZ5306 号

红色丰碑——内蒙古民族解放纪念馆文物精粹

编　　者：内蒙古民族解放纪念馆

责任编辑：王霄凡

责任印制：张　丽

摄　　影：张　冰

出版发行：文物出版社

地　　址：北京市东城区东直门内北小街2号楼

邮　　编：100007

网　　址：http://www.wenwu.com

邮　　箱：wenwu1957@126.com

经　　销：新华书店

印　　刷：北京荣宝艺品印刷有限公司

开　　本：889mm×1194mm　1/16

印　　张：12.25

版　　次：2024年10月第1版

印　　次：2024年10月第1次印刷

书　　号：ISBN 978-7-5010-8457-9

定　　价：280.00元

编辑委员会

内蒙古民族解放纪念馆始建于 2007 年，是全程反映和再现中国共产党领导下的内蒙古民族解放和民族区域自治历史进程的纪念性展馆，开馆以来，共接待社会各界参观游客近 1000 万人次。现为全国爱国主义教育示范基地、全国民族团结进步教育基地、全国国防教育示范基地、全国关心下一代党史国史教育基地、中国华侨国际文化交流基地、全国红色旅游精品线路。

如何深入挖掘馆藏文物的红色文化价值，让文物活起来，打造北疆文化品牌，讲好内蒙古的红色历史，既是内蒙古民族解放纪念馆面临的紧迫挑战，也是义不容辞的学术任务和社会责任。基于这一考虑，我馆启动编纂《红色丰碑——内蒙古民族解放纪念馆文物精粹》一书。该书系统地梳理了内蒙古民族解放纪念馆的红色文物资源，从馆藏 2000 余件（套）文物中，选取较有代表性的文物 100 余件（套），图文并茂地呈现了民族区域自治制度发展完善的非凡历程。其中周恩来同志亲自起草的中共中央《关于内蒙古自治问题的指示》等历史文献，都是党中央直接领导内蒙古自治区成立的历史见证。这些弥足珍贵的革命文物充分地展现了中国共产党团结带领内蒙古各族人民不懈奋斗的光辉历史。革命文物所蕴含的精神财富跨越时空、熠熠生辉，激励人们踔厉奋发、勇毅前行。

回顾内蒙古民族解放纪念馆的开馆历程，我们既感自豪，更感幸运。生逢一个伟大的时代，遇上一个文博事业蓬勃发展的千载良机，我们应该有所作为，也一定能够有所作为。回首过去，珍惜现在，展望未来，我们不忘初心、牢记使命，聚焦聚力全面落实习近平总书记交给内蒙古的"五大任务"和全方位建设模范自治区"两件大事"，牢记嘱托，感恩奋进，奋力书写中国式现代化内蒙古新篇章。

肆 中国共产党领导下的内蒙古地区的卫生、教育、文化事业发展

壹

中国共产党领导下的
内蒙古自治运动

吉雅泰的蒙古袍和皮帽

1933 年

蒙古袍长 165.5、臂展 135.5 厘米

皮帽长 26、宽 16 厘米

吉雅泰之子吉元捐赠

内蒙古民族解放纪念馆藏

蒙古袍为右衽，大襟右侧系扣，道服领，面为黑色带花纹绸缎，里为青色绸缎，袖长窄，下摆不开衩。帽为平顶圆帽，黑色皮面，以动物毛做内衬。

吉雅泰（1901～1968），又名赵延寿，字岱峰，蒙古族，内蒙古土默特左旗人（今内蒙古自治区呼和浩特市）。

1919 年的五四运动激发了内蒙古地区青年学生的爱国热情，在广大群众中传播了爱国思想。作为这些学生中的骨干代表，吉雅泰在经过斗争实践后，开始深入思考国家和民族的未来，走上寻求救国救民真理的道路。

1923 年秋，在荣耀先的动员下，吉雅泰与李裕智、孟纯、多松年、乌兰夫等 30 多人进入北京国立蒙藏学校学习。1924 年吉雅泰加入中国社会主义青年团，1925 年成为中国共产党党员，正式走上革命道路。同年，应组织要求，吉雅泰回到内蒙古地区开展革命工作，他大力宣扬红色思想，积极发展党员。1929 年，吉雅泰赴苏联莫斯科东方劳动者共产主义大学学习，四年后回到国内，在北平、天津及东北、内蒙古一带从事党的地下工作。在这期间，他多次乔装改扮，克服种种困难，成功地完成了组织交给他的重要任务。这套衣服也成为他从事革命工作的重要见证。

杨一木的貂皮大衣

1939 年

长 122、臂展 156 厘米

杨一木之女杨皓捐赠

内蒙古民族解放纪念馆藏

黑色。长款翻领双排扣大衣。内里和衣领为貂皮制作，衣领有浅棕色翻毛。

杨一木（1911～2011），曾用名杨仁甫、杨寿亭。出生于山西省临汾县（今山西省临汾市尧都区）金殿镇界峪村。1939 年，杨一木被派往伊克昭盟开展工作，公开身份为国民革命军第十八集团军上校联络参谋。为了便于他更加顺利地开展统战工作，党组织从十分有限的党费中挤出 10 块大洋，为他做了这件貂皮大衣。他穿着这件大衣在寒冷的鄂尔多斯高原上奔走，与伊克昭盟各旗、各民族人士频繁接触，与国民党特务斗智斗勇，在复杂的形势下开展工作，团结回、蒙等少数民族共同抗日，为内蒙古地区的民族解放事业做出了重要贡献。

张平化的公文包

1942 年

宽 23.5、高 35、厚 3.1 厘米

包启文之子锡原捐赠

内蒙古民族解放纪念馆藏

　　皮质。黑色，长方形，配有提手和两个皮质带扣，带扣上有金属插孔式锁扣，中间配有圆形锁扣。皮包内设夹层。此公文包为张平化所使用，后赠予博彦满都。

　　张平化（1907～2001），原名张楚材，出生于湖南酃县（今湖南省株洲市炎陵县）石洲乡。1927 年 11 月加入中国共产党。

　　1945 年 12 月，在中共中央西满分局工作的张平化，多次去王爷庙街（今内蒙古自治区兴安盟乌兰浩特市）与博彦满都深入交谈。在了解到他的想法与困惑后，耐心做工作，让他正确认识自己过去的历史，放下包袱，为内蒙古自治运动贡献力量。在张平化的引导下，博彦满都积极支持中国共产党的方针政策，为东、西蒙自治运动的统一和内蒙古自治政府成立做了不少工作。内蒙古自治政府成立后，博彦满都被选为内蒙古临时参议会议长。

　　1947 年 9 月，博彦满都得知张平化即将调往哈尔滨市工作，便将一件皮衣和一匹红色的马送给他。张平化则将自己日常使用的钢笔和公文包回赠给博彦满都。

　　这件公文包见证了在内蒙古自治运动中，中国共产党人在统战工作方面的努力和成果。

中共中央西满分局、东北民主联军西满军区代表张平化出席"五一大会"

中共中央同意成立绥蒙区党委电文

1945 年 2 月 17 日

纵 30.9、横 20.3 厘米

内蒙古自治区档案馆征集

内蒙古民族解放纪念馆藏

纸质。横排铅印，字迹清晰。电文是 1945 年 2 月 17 日由任弼时拟稿、中共中央签发给晋绥分局的，是关于绥蒙区党委建立的珍贵史料。

电文内容如下：

1945.2.19 发晋绥分局

同意成立绥蒙区党委

晋绥分局：

为加强绥远工作领导，同意晋绥分局在绥远成立绥蒙区党委的建议，并批准以高克林、姚喆、张达志、乌兰夫、武开章、杨植林（霖）、苏谦益、白成铭、曹正之、康天民十同志为区党委委员，以高克林任书记。

中央 二月十七日

（弼时拟）（夏志强抄）

1945 年初开始，随着世界反法西斯战争形势的重大变化和中国抗日战场上的连续胜利，日本侵略者已无法摆脱其必然失败的命运。在中共中央领导下，中共晋察冀分局和晋绥分局在组织上调整并充实了党政军领导机构，为在华北和热察绥地区进行战略反攻做了充分准备。

己抄存档
（毛批）

1445.2.19. 发晋绥分局

同意成立绥蒙区党委

晋绥分局：

为加强绥远工作领导，同意晋绥分局在绥远成立绥蒙区党委的建议，并批准以高克林、姚喆、张达志、乌兰夫、武开章、杨植霖、苏谦益、白成铭、曹正之、康天民十同志为区党委委员，以高克林任书记。

中央二月十七日

（邓小平批）　　（乌兰夫批）

中共中央关于同意先成立内蒙古自治运动联合会
复晋察冀中央局电文

1945 年 11 月 10 日
长 25.1、宽 17.2 厘米
内蒙古自治区档案馆征集
内蒙古民族解放纪念馆藏

　　纸质。竖排，墨书。电文为 1945 年 11 月 10 日中共中央书记处就同意先成立内蒙古自治运动联合会事宜回复晋察冀中央局并告晋绥分局贺（龙）、李（井泉）的复电。

　　电文内容如下：

　　同意先成立内蒙自治运动联合会（电报）

　　晋察冀中（央）局并告晋绥分局贺李：

　　酉感成齐电悉，关于内蒙工作同意你们先成立内蒙自治运动联合会，宣布纲领，发动广大蒙民，准备将来建立内蒙自治政府的方针，目前在各省区内之蒙民可成立地方性质之自治政府分别归绥、察、热省政府领导，云泽同志可留你处主持蒙民工作，以前决定在归绥攻下后，以云泽为绥远省政府主席的决定应加改变，绥远省（政）府主席可改为杨植林（霖）担任。

书记处

十日

内蒙古人民自治运动联合会成立大会照片

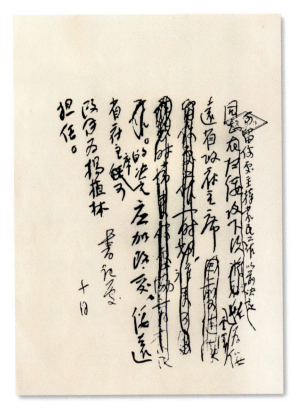

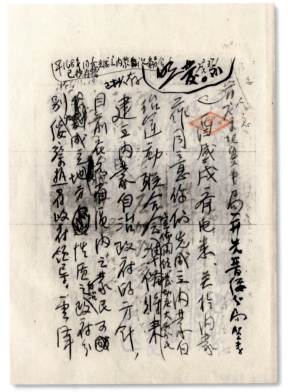

　　抗日战争胜利后，不同政治主张指导下的不同形式和内容的民族运动广泛兴起。中共晋察冀中央局根据中央《关于内蒙工作的意见》中关于内蒙古地区工作的方针，于 1945 年 11 月 8 日和 9 日两次致电中央，提出成立既是群众团体、又"带有政府的咨询机关性质"的内蒙古自治运动联合会，统一领导自治运动，同时为成立内蒙古自治政府做准备。11 月 10 日，中共中央发出关于同意成立内蒙古自治运动联合会复晋察冀中央局电，同意成立内蒙自治运动联合会。按照党中央的部署和晋察冀中央局的指示，1945 年 11 月 26 日，内蒙古自治运动联合会在张家口成立。成立大会上通过了《内蒙古自治运动联合会会章》《内蒙古自治运动联合会成立大会宣言》等纲领性文件，选举产生了由乌兰夫（云泽）等 21 人组成的内蒙古自治运动联合会执行委员会。

克力更的皮箱

1945 年
长 61、宽 42、高 19.2 厘米
克力更捐赠
内蒙古民族解放纪念馆藏

克力更

　　皮质，棕色。长方形手提式皮箱，上有三个带扣。该皮箱为克力更任内蒙古自治运动联合会常委、宣传部部长时期使用的。

　　克力更（1916～2012），又名云福林。蒙古族。出生于内蒙古土默特右旗（今内蒙古自治区包头市土默特右旗）苏卜罗盖村。克力更青少年时期就积极寻求解救中华民族于危亡的方法。他在绥远省正风中学带头组织学生运动，在国立蒙藏学校接受马列主义思想教育并开始走上革命道路。1945 年，根据党中央加强少数民族地区工作的指示，克力更随乌兰夫一同到张家口，任内蒙古自治运动联合会宣传部部长。他按照中共中央的部署，认真贯彻党的统一战线政策，团结一切爱国力量，历经艰险，排除万难，为促进当时东、西蒙的联合和内蒙古自治政府的成立做了大量卓有成效的工作。

《东西蒙承德会议主要决议》

1946 年 4 月 5 日

单页纵 30.9、横 20.3 厘米

内蒙古自治区档案馆征集

内蒙古民族解放纪念馆藏

纸质。横排油印。电文是由乌兰夫上报给中央、中央局、东北局、西满分局、晋绥分局的《东西蒙承德会议主要决议》(《内蒙古自治运动统一会议主要决议》)。电文共 3 页,落款为"云泽 一九四六年四月五日"。

电文大致内容为:东、西蒙承德会谈时间及决议。决议明确内蒙古民族运动的方针是平等自治,不是独立自治,并且只有在中国共产党的领导帮助下才能实现目标;内蒙古自治运动联合会为内蒙古自治运动统一领导机关,东、西蒙各盟旗均要组织其分会、支会,实现其纲领;各盟旗建立民选政府,分别接受各解放区民主政府领导及帮助;解散东蒙古人民自治政府,设联合会总分会领导该地区工作;联合会统一领导蒙古族军队武装,分属八路军各军区领导指挥。

1946 年 3 月,根据中共中央和中共中央东北局的指示,在中共中央冀热辽分局的直接安排下,内蒙古自治运动联合会和东蒙古自治政府各派代表在承德召开会议,商谈内蒙古自治运动的统一问题,从 3 月 30 日至 4 月 2 日,共进行了 5 次预备会,双方在自治运动的方向、道路和领导权等重大问题上统一了思想,取得了一致意见。4 月 3 日,内蒙古自治运动统一会议正式举行,会议通过了《内蒙古自治运动统一会议决议》。史称"四三"会议。

"四三"会议的成功举行,完全确立了中国共产党对内蒙古自治运动的领导,从理论上厘清并明确了内蒙古自治运动的性质、方向、道路和领导权等核心问题,把内蒙古地区呈分散状态的自治运动汇聚到中国共产党领导的内蒙古自治运动联合会的旗帜下,是内蒙古自治运动发展的转折点。

行民主自治，受民盟政府领导，盟府政府按具体情形应有汉人委员。九一八以前未设县之地不再设县，改治局废除，不改设县，深入蒙地之汉县，八路军得在该地发动群众改造政权，维持治安以防特务活动。

丁、扩大原联合会机构为八部一处，增选执委至六十一人，候补八人，常委廿四人，云泽为主席，博彦满都为副主席，但在东蒙政府未宣布解散前，不能公布。

戊、各解放区国大代表应注意蒙古代表问题，并争取选出民族代表，补国民党指定之蒙古代表中已死或投敌罪大者之名额。

己、各解放区政府帮助解决救济蒙人，培养干部，军队训练，给养、及机关经费服装等问题，西满多派干部参加王爷庙蒙古工作。

庚、以赤峰为内蒙古临时中心地，联合会迁此。

此次东蒙代表从外蒙及其实际体验中已知内蒙民族运动是中国革命一部份，中共真能予以帮助，故自愿接受我党领导。他们原计划最低限度成立内蒙临时政府来代替东蒙政府，此次虽未实现，但对

— 2 —

会议结果仍满意。现其主要负责人哈丰阿、特木尔巴根要求入党，我们准备接受。

目前已具备在广大内蒙区域发展工作的良好条件，请考虑设立统一的党委或工作机关的问题。

此次会谈，原则上虽获得一致，但在具体执行时，他们不可免有分歧和出入之处，希予注意！

云　泽

一九四六年四月五日

注：1.文件所属全宗：冀热辽中央分局

　　2.文件版本：复写手抄、电报

— 3 —

曾志给赵石的信

1946 年 6 月 13 日

纵 25.5、横 17.6 厘米

赵石之女赵宏音捐赠

内蒙古民族解放纪念馆藏

纸质。竖排钢笔墨书。此信写于 1946 年 6 月 13 日，是时任中共辽吉一地委组织部部长曾志写给时任中共辽吉五地委副书记赵石的。

信的内容为：

赵石同志：

由于洪琛同志带来的信收到，今后盼多通讯。这里消息十分闭塞，许多情况不明，电台码（马）力小，不能与省直接通电。你们的电台如能与我们通的话，请不断告之军事方面消息。希得到消息即转告。

你好吗？念念！敬礼！

曾志

6/13

1946 年 6 月 1 日，根据战争形势的变化，中共中央东北局和西满分局决定组建辽吉行政区，其辖区由原辽西省 22 县，原吉江省农安、前郭旗等 5 县，以及原嫩江省南部的洮安、洮南、突泉等 9 县组成。成立辽吉省委和辽吉军区后，陶铸为省委书记，省委驻地先在洮南，不久又迁到白城子。这封信就是写于这一动荡时期。曾志时任中共辽吉一地委组织部部长，在康平一带开展发动群众、建党建政、扩大武装、减租减息等工作。赵石时任中共辽吉五地委（哲里木盟地委）副书记、盟政府

1947 年曾志在东北

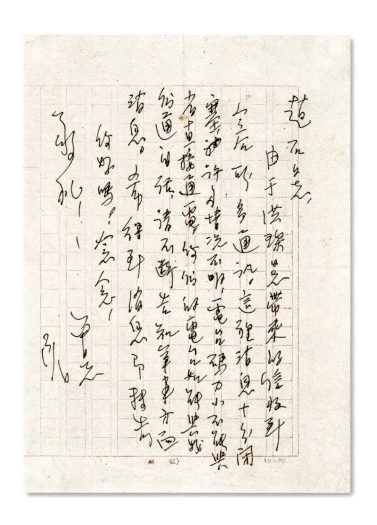

党组书记、骑兵第二师政委，他在哲里木盟开展党的民族工作，宣传党的民族政策，并进行改造和整训骑兵部队等工作。信中提到的于洪琛时任辽吉五地委（哲里木盟地委）秘书长兼社会部长。由于辽吉一地委和五地委地理位置相近，民族工作内容相似，曾志与赵石常有书信和电文联系。

　　曾志（1914～2009），原名曾昭学，陶铸的爱人。出生于衡永郴桂道郴州直隶州宜章县（今湖南省郴州市宜章县）。1926年10月参加革命，1936年到达延安，1940年任中央妇女运动委员会秘书长。抗日战争胜利后，陶铸奉命北上，曾志也随其到东北开展革命工作。

《解放日报》刊登关于兴安省政府成立的报道

1946 年 6 月 18 日

纵 53.3、横 37.4 厘米

内蒙古自治区兴安盟乌兰浩特市征集

内蒙古民族解放纪念馆藏

　　纸质。竖排油印。该报第 1 版刊登有题为《实行地方自治与民族自治——兴安省政府成立》的报道。报道对第二次东蒙古人民代表大会会议议程进行了简要介绍，并提到："此次为加强全省汉蒙人民团结共同建设民主的兴安省，并促进全国人民的团结，特根据政协决议中以省为单位进行地方自治与民族自治的决议，正式成立省政府与临参会，全省人民对此莫不欢欣鼓舞与竭诚拥护。"

　　1946 年 5 月 26～28 日，第二次东蒙古人民代表大会在王爷庙街举行，会上宣布取消东蒙古人民自治政府，撤销所属各省建制，改设为盟；成立兴安省政府和省临时参议会，建立内蒙古自治运动联合会东蒙总分会，兴安省政府受中国共产党领导下的东北行政委员会和内蒙古自治运动联合会双重领导。兴安省政府的正式建立标志着中国共产党在内蒙古东部地区的领导地位进一步确立。从此，内蒙古东部地区的自治运动彻底汇入中国共产党领导的民族解放斗争的洪流中。

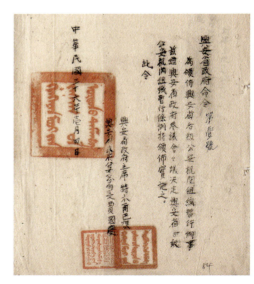

兴安省政府命令第一号

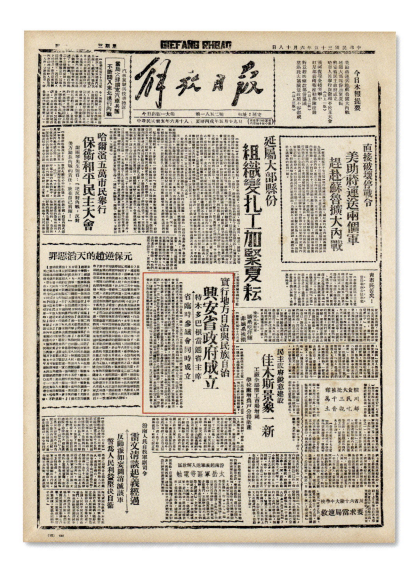

"关于建立内蒙古党委的提议"电文

1946 年 9 月 23 日
单页纵 29.7、横 20.9 厘米
内蒙古自治区档案馆征集
内蒙古民族解放纪念馆藏

纸质。横排油印。此电文为中共晋察冀中央局向中央建议成立内蒙古党委的电文。

1946 年 9 月，在解放战争全面爆发的形势下，中共晋察冀中央局决定放弃张家口，将晋察冀军区及中央局机关撤到河北省阜平县，内蒙古自治运动联合会及所属各机关撤到锡林郭勒盟贝子庙。为了适应战争形势，加强对内蒙古革命工作的领导，晋察冀中央局于 9 月 23 日向中共中央建议成立内蒙古党委并获批准。内蒙古党委的管辖范围暂定为"察哈尔之察哈尔盟锡林郭洛（勒）盟及绥远之乌兰察布盟及巴彦塔拉盟"，党委成员为乌兰夫、奎璧、刘春、王铎，乌兰夫任书记。同时，晋察冀中央局还原则批准"在内蒙古党委下拟设立察哈尔盟工委、锡林郭洛（勒）盟工委及巴乌工委"。内蒙古党委在当时承担了内蒙古自治运动联合会范围内党的领导工作，直至 1947 年 7 月内蒙古共产党工作委员会成立。

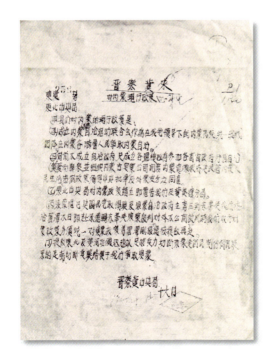
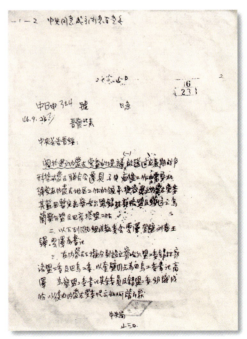

《纪念"五卅"团结奋斗迎接新的革命高潮》宣传单

1946 年
纵 27.7、横 18.4 厘米
赵石之女赵宏音捐赠
内蒙古民族解放纪念馆藏

　　纸质。竖排铅印。宣传单的主要内容为：五卅惨案的经过；在中国共产党的积极推动下，全国掀起反帝反封建军阀的大革命高潮；蒋介石制造四一二反革命大屠杀，大革命失败；全国解放形势逐渐向好；鼓励全国同胞们昂起头、大踏步地行动，迎接革命高潮的来临。

　　五卅运动爆发于 1925 年 5 月 30 日，是中国共产党直接领导的反帝爱国运动，标志着全国范围内大革命高潮的开始。五卅运动爆发时，正是中国共产党刚刚成立内蒙古地区的热河特别区、察哈尔特别区、绥远特别区和包头"四个工委"并着手开展工作之际。各地铁路工会、学校团体和各界群众纷纷发起并参加集会，举行示威游行，散发反帝宣传手册，传唱爱国歌曲，控诉帝国主义的罪行，并进行募捐活动，声援五卅运动。这也使得内蒙古地区的党组织得到锻炼，积累了革命斗争经验，有力推动了内蒙古地区大革命运动的发展，扩大了中国共产党在当地各族群众中的政治影响。

1926 年归绥（今内蒙古自治区呼和浩特市）
各族各界群众进行纪念五卅运动的集会

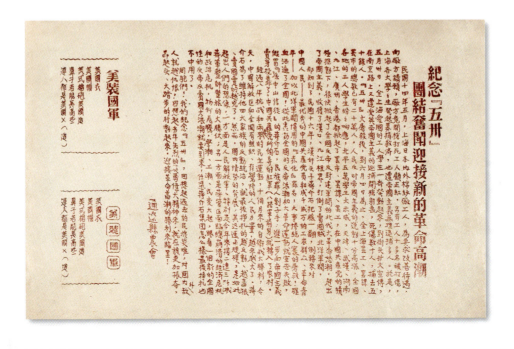

包玉昆使用过的狼皮褥子

1946 年

长 145、宽 68 厘米

包玉昆之子包文汉捐赠

内蒙古民族解放纪念馆藏

　　褥子由狼皮和棉布拼接缝制而成。面为土黄色棉布、里为狼皮拼接缝制，保留有狼头、四肢等部分的皮面。此狼皮褥子为包玉昆 1945 年底至 1946 年初前往张家口联系东、西蒙统一问题时使用的。

　　包玉昆（1900～1946），蒙古族，出生于内蒙古土默特右旗（今内蒙古自治区包头市土默特右旗）。1945 年参加革命。1945 年底，包玉昆作为内蒙古人民革命党东蒙本部派出的联络代表，赴张家口与乌兰夫等人联系东、西蒙统一问题，并积极筹备内蒙古自治运动统一会议。1946 年 4 月 3 日，内蒙古自治运动统一会议，即著名的"四三"会议，正式举行。全体与会代表一致通过了《内蒙古自治运动统一会议主要决议》，结束了自清代以来东、西蒙长期分裂隔绝的状态，确立了中国共产党对内蒙古革命工作的领导地位。包玉昆作为东蒙古人民自治政府的代表参加了会议，并当选内蒙古自治运动联合会执行委员，为内蒙古民族解放和东、西蒙自治运动的统一做出了重要贡献。1946 年 10 月，包玉昆在内蒙古克什克腾旗牺牲，直至今日，其子女仍未能寻到他的遗骸，只有他留下的这张狼皮褥子，见证着他为民族解放事业英勇献身的壮举。

包玉昆与家人的合影

才喜雅拉图的毛毯

1946 年
长 190、宽 136、厚 0.4 厘米
才喜雅拉图之妻索布多捐赠
内蒙古民族解放纪念馆藏

  羊毛质。长方形。上有织绣花纹，色彩艳丽。该毛毯为才喜雅拉图于 1946 年结婚时在王爷庙街购买的。

  才喜雅拉图（1920～2004），又名德古权，达斡尔族，中共党员，出生于黑龙江省德都县（今黑龙江省五大连池市）德都镇温察热屯。才喜雅拉图早在青年时代就接受进步思想的启蒙教育，1938 年 6 月东渡日本求学，1945 年 5 月毕业于日本东京工业大学纺织专业。1945 年 8 月在张家口参加由晋察冀边区司令部干部苏剑啸领导的"蒙古同乡会"，同年 10 月参加内蒙古自治运动联合会筹建工作，该会成立后当选为执行委员。1947 年 4 月 23 日～5 月 3 日，内蒙古人民代表会议召开，才喜雅拉图以内蒙古自治运动联合会执委及纳文慕仁盟代表的身份出席。1947 年 6 月，他参加扎兰屯工学院的组建工作，任教务主任。

周恩来《中共中央关于内蒙古自治诸问题的意见》手稿

1947 年 3 月 23 日

单页纵 29.7、横 20.9 厘米

内蒙古自治区档案馆征集

内蒙古民族解放纪念馆藏

纸质。横排手写。共 4 页。

1947 年 3 月下旬，毛泽东、朱德、刘少奇、周恩来、任弼时召开会议，研究了建立内蒙古自治区的问题。会议决定，同意成立内蒙古自治政府，并对有关问题提出原则性意见。会议确定由周恩来代表中央书记处亲自起草一份文件，指导内蒙古自治政府的成立。充分体现了党中央对内蒙古民族问题的高度重视。

周恩来连夜起草了 2000 多字的《中共中央关于内蒙自治诸问题的意见》，报经毛泽东审改后，于 3 月 23 日由中共中央东北局转西满分局并转乌兰夫、热河分局、晋察冀中央局、晋绥分局、西北局党组织。《意见》包括同意召开内蒙古人民代表会议，成立内蒙古自治政府，制定适合内蒙古地区的自治政府纲领等重要内容。

《意见》为在解放战争中即将诞生的内蒙古自治政府指明了方向，开创了中国民族区域自治的先河。

周恩来电文手稿

1947 年 4 月 20 日

单页纵 29.7、横 20.9 厘米

内蒙古自治区档案馆征集

内蒙古民族解放纪念馆藏

纸质。钢笔横排手写。此手稿为周恩来起草的电文。

电文主要内容为：各局各分局，内蒙古人民代表会议即将开幕，其目的在于内蒙人民要实行民族自决与高度地方自治。请各解放区政府、参议会及人民解放军送贺电，经新华社拍致东北新华分社转，中央印彩。

1947 年 4 月，周恩来亲自起草电文，指示各解放区政府、参议会和人民解放军向即将成立的内蒙古自治政府发送贺电及进行新闻报道。1947 年 4 月 23 日，内蒙古人民代表会议在王爷庙街隆重开幕。会场两侧挂满了邻近解放区和内蒙古各盟、旗赠送的贺幛。5 月 1 日，选举成立了以乌兰夫为主席、哈丰阿为副主席的内蒙古自治政府。在周恩来的安排部署下，大会的实况录像得以保存下来。

内蒙古自治政府成立前后，东北、陕甘宁、晋察冀、冀热辽、绥蒙、晋冀鲁豫等解放区的中共组织和人民政府也纷纷来电祝贺。《新华日报》《东北日报》《晋察冀日报》《冀热辽日报》《西满日报》和《内蒙自治报》等解放区报刊都相继发表了关于内蒙古自治政府成立的社论和报道，盛赞内蒙古革命斗争取得的伟大胜利。

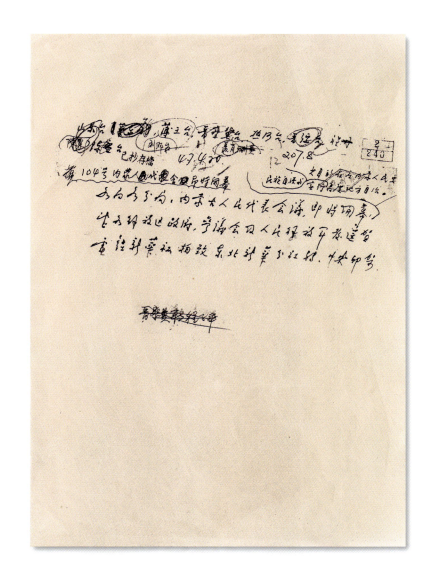

《人民日报》刊登《内蒙古人民代表大会电毛主席朱总司令致敬》报道

1947 年 5 月 14 日
纵 52.3、横 37 厘米
内蒙古自治区兴安盟乌兰浩特市征集
内蒙古民族解放纪念馆藏

　　纸质。竖排油印。该报第 1 版刊登有题为《内蒙古人民代表大会电毛主席朱总司令致敬》的报道。

　　1947 年 4 月 23 日至 5 月 3 日，内蒙古人民代表会议在王爷庙街隆重召开。与会的 393 名各民族代表，选举产生了由 25 人组成的大会主席团和由 10 人组成的提案委员会。4 月 27 日，内蒙古人民代表会议全体代表向毛泽东主席、朱德总司令发出了致敬电，电文中写道："只有在你们领导下的中国共产党和人民解放军，挽救了蒙古民族的悲惨命运。今后，深信在你们的英明领导下，内蒙古民族的前途，是无限光明的。我们谨向你们表示：我们一定团结民族内部，并与全国各民族联合起来，为彻底粉碎蒋介石进攻，建设和平民主的新中国与新内蒙而奋斗，不达目的，誓不休止！"

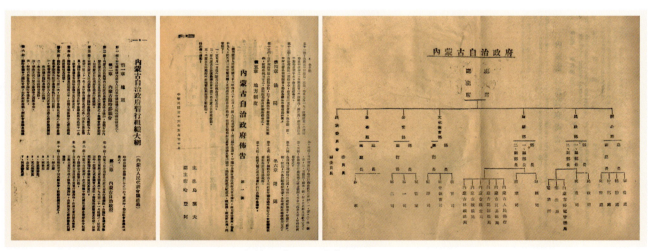

内蒙古自治政府暂行组织大纲

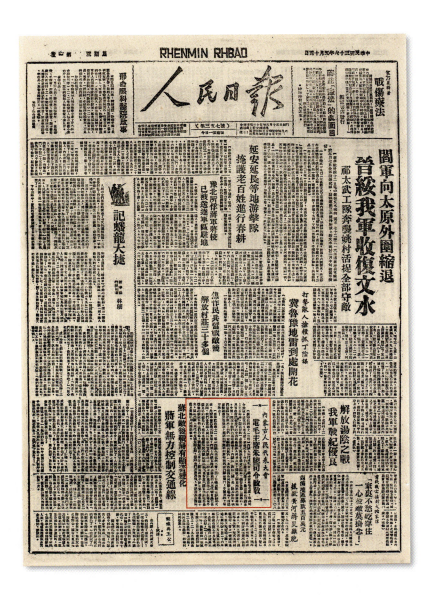

《人民日报》刊登《内蒙自治政府成立》报道

1947年5月18日

纵52.3、横37厘米

内蒙古自治区兴安盟乌兰浩特市征集

内蒙古民族解放纪念馆藏

纸质。竖排油印。该报第1版刊登有题为《内蒙自治政府成立》的报道。
报道原文如下：

【新华社西满十六日电】内蒙最高地方行政机关内蒙自治政府，已于
六日正式成立，并同时举行内蒙人民代表会议闭幕典礼。云泽主席率领全
体政府委员与驻会议员庄严宣誓后，即席致词，略谓：此次自治政府的成
立，为内蒙古民族解放运动中一极有历史意义之举。还指出，蒋美反动派
是不愿内蒙古人民得到自治解放的，因此他们必将加紧进攻。他号召内蒙
全体人民，亲密地团结在自治政府周围，为彻底粉碎蒋介石的进攻而努力。
礼成后，举行阅兵，当王海山将军率领下的内蒙人民自卫军骑兵通过阅兵
台前时，群众欢呼若狂。

【新华社东北十六日电】内蒙人民代表大会，决定五月一日为内蒙自
治政府成立日。

1947年5月1日，内蒙古自治政府全体委员宣誓就职

《内蒙自治报》刊登《毛主席、朱总司令电覆内蒙人民代表大会》报道

1947年5月28日

纵39、横26.7厘米

内蒙古自治区档案馆征集

内蒙古民族解放纪念馆藏

纸质。竖排油印。该报第1版刊登有题为《毛主席、朱总司令电覆内蒙人民代表大会》的报道。

1947年4月23日至5月3日，内蒙古人民代表会议（也称"五一大会"）在王爷庙街举行，选举产生了内蒙古自治政府。4月27日，大会向毛泽东主席、朱德总司令发电致敬，5月19日收到了毛泽东主席、朱德总司令的复电。电文中写道："亲爱的内蒙古人民代表大会全体代表们！你们五月十七日来电收到了。曾经饱受困难的内蒙古同胞在你们领导之下、正在开始创造自由光明的新历史。我们相信：蒙古民族将与汉族和国内其他民族亲密团结、为着扫除民族压迫与封建压迫、建设新蒙古与新中国而奋斗！庆祝你们的胜利！"

内蒙古人民代表会议代表使用过的火镰

1947 年 5 月
宽 8.8、高 7.4、厚 2.4 厘米
辽宁省沈阳市征集
内蒙古民族解放纪念馆藏

　　铁质。配有牛皮夹袋。夹袋上饰以蝙蝠形铁片，上部配有挂环。火镰是一种历史悠久的便携式取火工具，因形似镰刀而得名，靠刃部与燧石撞击产生火星来引火。这件火镰是参加内蒙古人民代表会议的代表使用过的。

　　内蒙古人民代表会议于 1947 年 4 月 23 日至 5 月 3 日在王爷庙街隆重举行，来自内蒙古各盟市、旗的 393 名代表肩负着当时内蒙古地区 200 多万人民的重托，骑着骆驼、马或赶着牛车远道而来，出席这次大会。代表们在赴会途中随身携带帐篷等旅行用具，风餐露宿。火镰是他们沿途生火取暖、做饭时使用的重要工具。

《张策同志作关于东蒙古地区（即兴安）工作的经过和经验报告》

1947 年 8 月 15 日

纵 29.6、横 20.7、厚 0.2 厘米

内蒙古自治区档案馆征集

内蒙古民族解放纪念馆藏

　　纸质。横排铅印，共 19 页。左上方印有"内档自治运动联合会选编文件 087"字样。为时任东北民主联军骑兵纵队政治委员张策的工作经验报告。

　　张策（1911～1999），陕西省高陵县（今陕西省西安市高陵区）人。中学时代即参加爱国学生运动，1932 年加入中国共产党。1946 年 3 月 28 日，中共中央西满分局决定派出中共嫩江省白城子（今吉林省白城市）地方工作委员会书记、嫩江军区（白城子）第一军分区政委张策到王爷庙街开展工作。

　　张策抵达王爷庙街后，根据中共中央西满分局决定，设立东北民主联军西满军区驻王爷庙办事处，张策任主任。1946 年 4 月 5 日，在西满军区办事处的基础上成立中共东蒙古工作委员会，张策任书记。这也是中国共产党在兴安地区建立的第一个党组织。

1946 年春，张策（左三）和夫人刘选（左二）
在王爷庙工作时留影

内档自治运动联合会选编文件　　０８７

张策同志作关于
东蒙古地区（即兴安）工作的经过和经验报告
（一九四七年八月十五日）

我与蒙人的关系来往工作经过一般可分为两个阶段：

蒙人在八一五事变时，少部军人即起义，杀死日本军官，反抗日本南退的命令；后被苏军任用扣押一短时候期待成，即开始组织军队；把伪满时兴安总省的官僚已集中起来，又恢复了兴安总省。发表八一八宣言，主要是与外蒙合并。此时一部较进步的分子及官僚曾去外蒙接洽要求独立，要求与外蒙合并；外蒙答以不能独立，只能自治，并指示与中共密切合作。此时一部蒙古官僚又参加我党往奉天召开之东北人民代表大会。总之，他们四出活动，为自己的民族找出路。在外蒙的指示下，他们回来于今年一月十五号即召开东蒙人民代表大会，成立了东蒙自治政府。除归兴安总省的地区外，还扩大了热河的全境及现在的省外四旗，颁布了宣言与施政纲领。在此以前，我军于去年九月底到达白城子，因为不了解对蒙古民族政策，遇到蒙军人员即以伪军人员扣押。继续了一个短时期，互相不谅解的现象即很快纠正了。蒙人在我白城子住有代表，来往人员，热烈招待蒙人送学员去白城子受训，找干部，也在王爷庙招兵弄钱（影响不好，事实上被赶走），蒙军数次出兵援助我们，并在一扎

～１～

办学校，要贫苦儿童免费上学，我们对地主自动杀猪请客的，向群众揭发其阴谋，促群众退还粮食、牛、羊，展开斗争。在斗争中群众提出要分土地，要求枪校，但我工作团同志多系蒙古新同志（即蒙古上层也是如此）对分配土地无决心，在群众情绪高涨时，未能及时鼓动群众分配土地，以"政府尚未决定分配土地办法"拖了下去，群众要求枪校，工作团同志以不相信群众的思想，未鼓励群众收武器；在发动群众的开始总是把群众斗争的勇气估计过低。如王爷庙很早在白城子影响下群众纷纷告状要求斗争，但我们顾虑上层关系一直拖到六月才开始，在斗争开始时，因盟政府出了个布告，号召群众大胆，有仇报仇、有冤申冤，在这个布告后，坏人纷纷逃跑，群众者怠没有办法。在斗争时群众都提前时间到会，天气很热，等候很长的时间也不休息，不回家。几次斗争大会都是毫无准备的出人意料之外，人数都达到三千人以上。积极分子上台控诉恶霸甲长的罪状，每次会上都有四十余人上台讲话、打咀巴、要求他磕头，赔礼、退还赃款，没收枪校。由群众所产生的处理委员会，在斗争中，真正起了领导作用，决定逮捕人、封门、算账、分配斗争果实，及至斗争后，又不断处理群众纠纷四十余件（五六天时间）。在斗争中间时也秦蒲旧警察署的腐败无能，处理委员会决定他们去捕人，但坏人在屋里睡觉，他三人三枝枪不敢进去逮捕，结果被人家发觉跑了，群众对他们大为不满，现已组织自卫队，（达五百余人）

～5～

王爷庙街升格为乌兰浩特市的政府令

1947 年 11 月 28 日

长 29.7、宽 20.9 厘米

内蒙古自治区档案馆征集

内蒙古民族解放纪念馆藏

　　纸质。竖排油印。右上方盖有圆形"王爷庙街政府文书类"收讫章，落款为"王爷庙街政府""主席云泽""副主席哈丰阿"。左下方盖有红色汉蒙双语方形"内蒙古自治政府印"。

　　1947 年 11 月 26 日，内蒙古自治政府决定，从 1947 年 12 月 1 日起，将王爷庙街升格为市，改称乌兰浩特市，任命章泽为市长、伍彤为公安局局长。"乌兰浩特"在蒙古语中意为"红色的城市"。

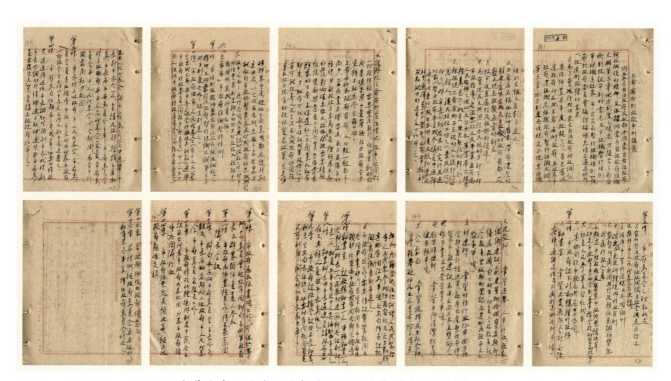

内蒙古自治政府民政部关于王爷庙街制改设市制的议案

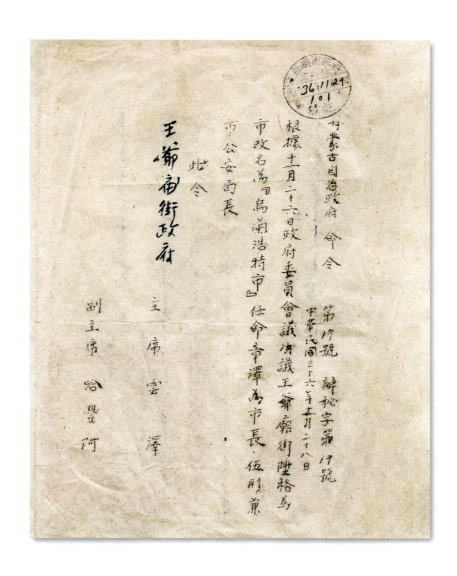

内蒙古自治政府 令

第17號 辦秘字第17號

中華民國三十六年十一月二十八日

根據十一月二十六日政府委員會議決議王爺廟街陞格為市改名為「烏蘭浩特市」任命章澤為市長，伍勝兼市公安局長

此令

王爺廟街政府

主席 雲澤

副主席 哈豐阿

内蒙古自治政府关于王爷庙街升格为乌兰浩特市的布告

1947 年 12 月

纵 41、横 37 厘米

内蒙古自治区档案馆征集

内蒙古民族解放纪念馆藏

　　纸质。竖排铅印。布告右侧为汉语，左侧为回鹘式蒙古文，内容相同。中间盖有汉蒙双语"内蒙古自治政府印"红色大印。

　　布告内容为：

　　内蒙古自治政府布告　　第四号
　　　　根据十一月廿六日政府委员会议决议王爷庙街升格为市改名为乌兰浩特市仰我军政民一体遵照为要
　　　　此布
　　　　主席　云泽
　　　　副主席　哈丰阿
　　　　中华民国三十六年十二月一日

《内蒙自治报》刊登《乌兰浩特市政府举行成立大会》报道

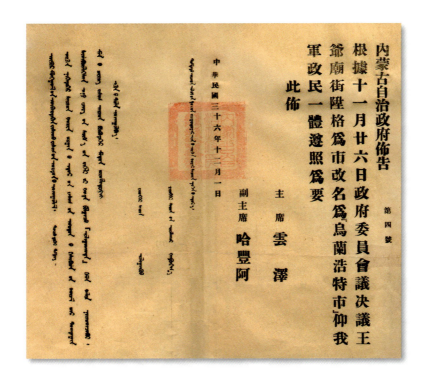

《内蒙自治政府成立扩大宣传提纲》

1947 年

纵 37.4、横 52 厘米

内蒙古自治区档案馆征集

内蒙古民族解放纪念馆藏

　　纸质。横排油印。《内蒙自治政府成立扩大宣传提纲》是内蒙古自治政府成立后印制的宣传品，由三部分内容组成：第一部分为自治政府成立与自卫解放战争，回答了什么叫政府、内蒙古自治政府是什么样的政府、内蒙古自治政府要干什么等方面的问题；第二部分为自治政府的基本性质是民主的人民政府；第三部分为自治政府与内蒙古民族的彻底解放。

　　内蒙古自治政府的成立，实现了内蒙古各族人民翻身做主和实行民族区域自治的迫切愿望，但一些地方的群众对自治政府的性质、作用等并不了解。内蒙古自治政府印制宣传单，在广大群众中宣传内蒙古自治政府，使更多的群众了解自治政府，为更好地实现内蒙古人民的翻身解放起到了重要作用。

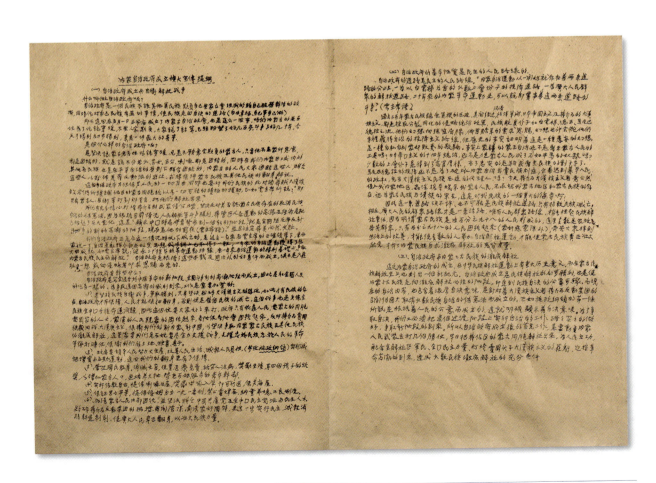

秋浦手稿

1947 年

纵 35.2、横 25.8、厚 0.9 厘米

内蒙古自治区档案馆征集

内蒙古民族解放纪念馆藏

纸质。右上角盖有"内蒙古自治区档案馆材料证明章"印章。手稿内容为：

乌兰夫同志：

上次你要的在内蒙人民代表大会上的报告提纲和东北局负责同志提的
意见的原稿，现已找出特派人送上请收。

秋浦 三月九日

秋浦（1919～2005），原名贡厚生，又名后生。江苏省丹阳市人，1936 年
参加革命。1938 年 5 月入延安抗日军政大学学习，同年 6 月加入中国共产党。
后被派往晋察冀边区工作，先后在平西《挺进报》《晋察冀日报》任记者、编
辑，撰写了大量国内外新闻，激励了人们的抗日爱国精神，以文笔优美、见地
独到著称。1947 年，负责筹办《内蒙古日报》，并主持报社工作。

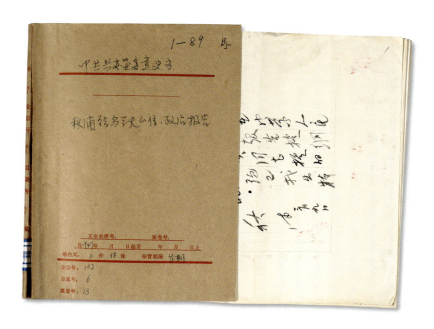

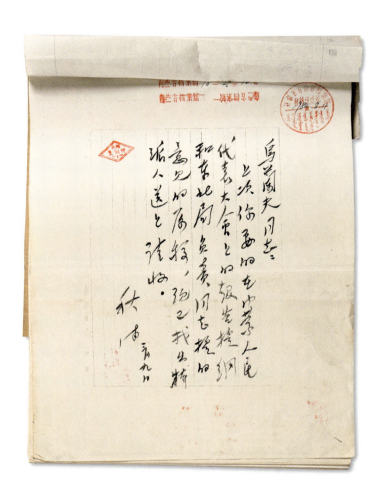

　　1947 年 2 月底，根据中共中央指示，中共中央东北局电邀乌兰夫、博彦满都、哈丰阿、特木尔巴根、乌力吉敖其尔、奎璧、克力更、刘春等人赴哈尔滨召开会议，具体研究成立内蒙古自治政府的有关问题。会议讨论并通过了内蒙古自治政府的施政纲领和暂行组织大纲，并报东北局转呈中央批准。同时拟定了候选人名单，研究了选举办法，为内蒙古人民代表会议的召开做了思想上、组织上的准备。按照此次会议安排，时任内蒙古自治运动联合会秘书长的刘春起草了内蒙古人民代表会议的报告提纲，经中共中央东北局主要领导审阅批改后，由东北局委托秋浦将报告提纲和东北局修改意见从哈尔滨带给乌兰夫，因此有了这封信件。

刘春的内蒙古人民代表会议出席证和代表证

1947 年

代表证长 12.1、宽 9.1 厘米

出席证长 12.5、宽 9.5 厘米

刘春之子刘歌捐赠

内蒙古民族解放纪念馆藏

　　均为纸质。竖排。盖有回鹘式蒙古文印章"内蒙古自治运动联合会大会秘书处"。代表证左上方印有编号"No. 5"，下方表格内手写"刘春""执委"字样。出席证左上方印有编号"No. 11"，下方表格内手写"刘春""总会常委"字样。

　　刘春（1912～2002），江西省吉安市吉水县人。1934 年就读于上海蒙藏学院师资训练班，1936 年加入中国共产党。刘春作为乌兰夫的主要助手，参加了内蒙古自治运动联合会和内蒙古自治区的创建工作。他曾任内蒙古自治运动联合会常委、秘书长以及内蒙古工作委员会组织部部长等职，参与了内蒙古地区的解放斗争和建党、建政等诸多重要工作。

1948 年廖殿明（左一）、林以行（左三）、胡昭衡（左四）、
刘昌（左五）、刘春（左六）等人在内蒙古党委办公大楼前的合影

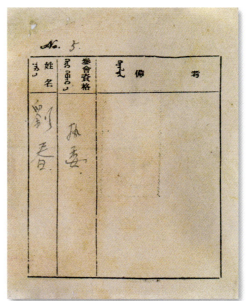

内蒙古人民革命青年团转为中国新民主主义青年团的通知

1948 年 3 月 25～30 日

纵 26.8、横 17.1 厘米

内蒙古自治区档案馆征集

内蒙古民族解放纪念馆藏

　　纸质。竖排油印。左下角盖有汉蒙双语"中国新民主主义青年团内蒙古团委会"印章。

　　1948 年 3 月 25～30 日，内蒙古人民革命青年团代表大会在乌兰浩特市召开，会议讨论并通过了《关于内蒙古人民革命青年团转为新民主主义青年团及接受新民主主义青年团团章的决议》，并选举出克力更、特古斯朝克图、巴图巴根、秋浦、嘎儒布僧格、布特格其、乌如喜业勒图、布赫、鄂仪贞 9 人组成的新民主主义青年团内蒙古委员会，克力更任书记。同时，举行了内蒙古人民革命青年团转为中国新民主主义青年团的转团仪式。

1946 年 3 月，内蒙古人民革命青年团部分领导成员合影：前排左起为德力格尔、布特格其、戈更夫、特古斯，后排左二为巴图巴根、左三为木伦

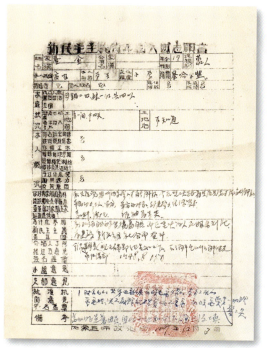

新民主主义青年团入团志愿书

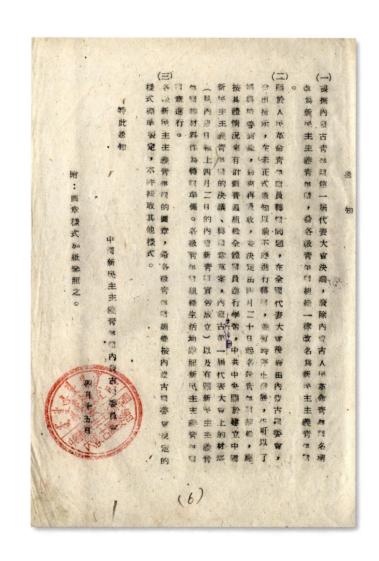

通　知

（一）根據內蒙古青年團第一屆代表大會決議，廢除內蒙古人民革命青年團名稱，改為新民主主義青年團，希各級青年團組織一律改名為新民主主義青年團。

（二）關於人民革命青年團員轉團問題，在全國代表大會後前田內蒙古團委會，已發出指示，至未正式通知以前不應進行轉團，並須時等生發展，但可以了錫與故參詞豪，前來再及收，非決定由四月二十日起各縣青年團組織，根照一屆代表大會上的材料，按其體情況來有計劃普遍組織全體團員進行學習，與團章草案，內蒙古新青年團宜宣布成立。）以及有關新民主主義青年團組織生活均根照新民主主義青年團意進行。各級青年團組織總按內蒙古團委員規定的

（三）關於各級新民主主義青年團的團章，希各級青年團組織按內蒙古團委員規定的樣式標準製定，不許採取其他樣式。

特此通知

中國新民主主義青年團內蒙古團委員會
四月十五日

附：圖章樣式加紙姿照之。

（6）

哈丰阿的任命通知书

1949 年 12 月 2 日

长 31.3、宽 27 厘米

哈丰阿之女莫日根高娃捐赠

内蒙古民族解放纪念馆藏

　　纸质。竖排。白底黑字，带有红色边框。上方正中有中华人民共和国国旗图案，

　　左侧盖有"中华人民共和国中央人民政府之印"印章。正文为："兹经中央人民政府委员会第四次会议通过任命哈丰阿为内蒙古自治区人民政府副主席。特此通知。"并有中央人民政府主席毛泽东签名。此为中央人民政府任命哈丰阿为内蒙古自治区人民政府副主席的通知书。

　　哈丰阿（1908～1970），又名滕续文，蒙古族。出生于哲里木盟（今内蒙古自治区通辽市）科尔沁左翼中旗。毕业于东北蒙旗师范学校。1932 年加入内蒙古人民革命党，开展地下工作。先后在伪满兴安西省、兴安局，伪满国务院总务厅、兴安总省公署，伪满驻日使馆任职。日本投降后，在王爷庙街开展自治运动，后任内蒙古人民革命党东蒙本部秘书长、东蒙古人民自治政府秘书长。1946 年 4 月，参加在承德召开的内蒙古自治运动统一会议，当选为内蒙古自治运动联合会常委，任内蒙古自治运动联合会宣传部部长、东蒙总分会主任，同年加入中国共产党。1947 年 5 月 1 日内蒙古自治政府成立，哈丰阿当选为副主席，任内蒙古共产党工作委员会委员。

内蒙古自治区第一届人民代表会议期间，哈丰阿（右）同与会代表亲切握手

　　1949 年 12 月 2 日，中央人民政府决定将内蒙古自治政府改称内蒙古自治区人民政府，并任命乌兰夫为主席，哈丰阿为副主席，同时下达了任命通知。历经 70 余年风雨沧桑，这份任命通知书显得弥足珍贵。

那钦双和尔的任命通知书

1949 年 12 月

纵 31.4、横 26.9 厘米

那钦双和尔之子特木尔高力套捐赠

内蒙古民族解放纪念馆藏

　　纸质。竖排。黄底黑字，带有红色边框。上方正中有中华人民共和国国旗图案，左侧盖有"中华人民共和国中央人民政府之印"印章。正文为："兹经中央人民政府委员会第四次会议通过任命那钦双和尔为内蒙古自治区人民委员会委员。特此通知。"并有中央人民政府主席毛泽东签名。此为中央人民政府任命那钦双和尔为内蒙古自治区人民政府委员的任命书。

　　那钦双和尔（1899～1985），蒙古族，内蒙古锡埒图库伦旗（今内蒙古自治区通辽市库伦旗）人。抗日战争胜利后，那钦双和尔任辽吉军区第六支队支队长、内蒙古自治军骑兵第二师师长、辽吉军区蒙汉联军司令员。"四三"会议后，他接受中国共产党的领导，支持东、西蒙统一的内蒙古自治运动。1947 年 5 月 1 日，内蒙古自治政府成立，那钦双和尔当选为内蒙古自治政府委员，同时任内蒙古自治政府军事部副部长、内蒙古人民自卫军哲里木盟分区司令员；1948 年 1 月任内蒙古军区副司令员。

　　中华人民共和国成立后，那钦双和尔历任内蒙古军区副司令员兼后勤部部长、内蒙古自治区政协副主席等职。那钦双和尔曾当选第四、五届全国人大代表，第一至四届内蒙古自治区人大代表。1985 年 3 月，那钦双和尔加入中国共产党，实现了夙愿。同年 4 月 15 日，那钦双和尔因病在呼和浩特市逝世，享年 86 岁。

那钦双和尔

中共中央华北局关于成立内蒙古分局的通知

1949 年 12 月 13 日

纵 10.8、横 18.43 厘米

内蒙古自治区档案馆征集

内蒙古民族解放纪念馆藏

　　纸质。横排油印。右下角盖有"中共中央华北局印"。

　　1949 年 11 月，中共中央决定撤销内蒙古共产党工作委员会，成立中共中央内蒙古分局，分局下成立东蒙区党委。分局由 7 名正式委员和 3 名候补委员组成，乌兰夫任书记，隶属中共中央华北局领导，机关驻地由乌兰浩特市迁至张家口市。

　　1952 年 5 月，中共中央决定任命苏谦益、杨植霖为内蒙古分局委员，苏谦益任内蒙古分局副书记。分局当时下辖的地方组织有中共东部区委员会（管辖呼纳盟、兴安盟、昭乌达盟和哲里木盟）、察哈尔盟地委、锡林郭勒盟委等。1952 年 8 月，经中央批准，中共绥远省委和中共中央内蒙古分局合并，绥远省委建制撤销，中共中央内蒙古分局改称中共中央蒙绥分局。1953 年 5 月，中共中央蒙绥分局领导机关由张家口市迁至归绥市（今内蒙古自治区呼和浩特市）。1954 年 3 月，经中央同意，中共中央蒙绥分局改称中共中央内蒙古分局，乌兰夫任书记。1955 年 7 月，经中央批准，中共中央内蒙古分局撤销，中共内蒙古自治区委员会成立。

《内蒙古分局关于召开锡察两盟干部会议情况向华北局的报告》

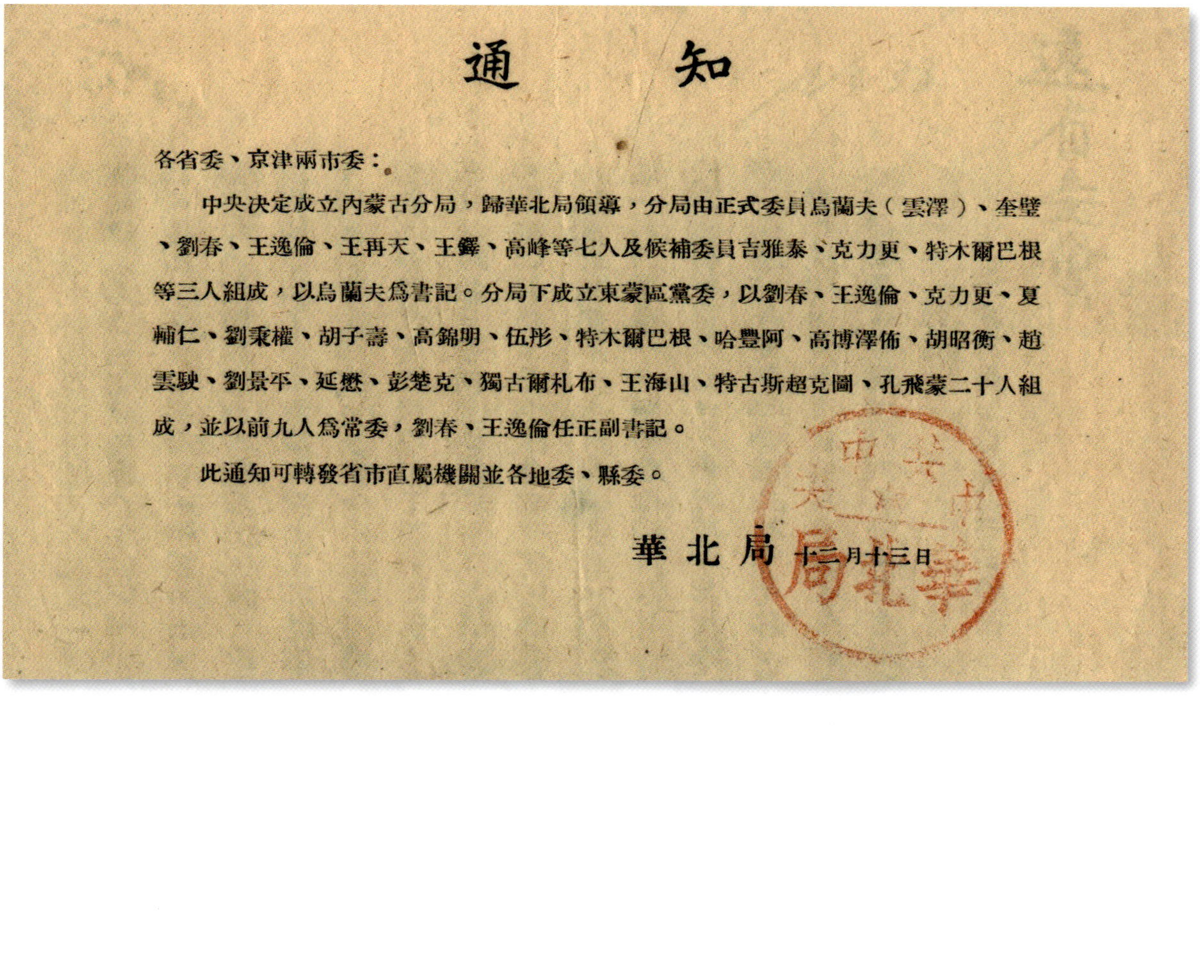

通　知

各省委、京津兩市委：

中央決定成立內蒙古分局，歸華北局領導，分局由正式委員烏蘭夫（雲澤）、奎璧、劉春、王逸倫、王再天、王鐸、高峰等七人及候補委員吉雅泰、克力更、特木爾巴根等三人組成，以烏蘭夫爲書記。分局下成立東蒙區黨委，以劉春、王逸倫、克力更、夏輔仁、劉秉權、胡子壽、高錦明、伍彤、特木爾巴根、哈豐阿、高博澤佈、胡昭衡、趙雲駛、劉景平、延懋、彭楚克、獨古爾札布、王海山、特古斯超克圖、孔飛蒙二十人組成，並以前九人爲常委，劉春、王逸倫任正副書記。

此通知可轉發省市直屬機關並各地委、縣委。

華北局　十二月十三日

博彦满都的帽子

20 世纪 40 年代
宽 23.5、高 13.3 厘米
博彦满都之子博和捐赠
内蒙古民族解放纪念馆藏

皮质。方形，平顶。面为褐色水獭皮，内衬以黑色绒布并絮以棉花。

博彦满都（1894～1980），又名包云蔚，蒙古族，辽宁省沈阳市康平县人。1925 年加入内蒙古人民革命党，任中央候补执行委员兼哲里木盟支部书记。后曾任伪满洲国兴安南省民政厅厅长、伪兴安南省省长、伪兴安总省省长等职。抗日战争胜利后，任东蒙古人民自治政府主席、内蒙古自治运动联合会副主席、内蒙古自治政府临时参议会议长等。

1946 年 3 月，根据中央的指示精神，博彦满都率东蒙古人民自治政府与克力更、包彦等内蒙古自治运动联合会东蒙工作团成员一道从王爷庙街抵达赤峰。经中共冀热辽分局提议，会议改在承德举行。3 月下旬，双方代表转赴承德会合。围绕统一东、西部自治运动的一系列实质性问题，双方代表进行了反复、细致的探讨、协商。4 月 3 日，内蒙古自治运动统一会议正式举行，会议通过了《内蒙古自治运动统一会议主要决议》，实现了中国共产党领导的内蒙古自治运动联合会对全区域自治运动的统一领导。

这顶帽子是博彦满都作为东蒙古人民自治政府代表，参加中国共产党领导的内蒙古自治运动统一会议时戴过的。

1946 年 4 月，内蒙古自治运动统一会议
出席代表及列席代表合影

杰尔格勒的中山装

20 世纪 40 年代

长 80、臂展 121 厘米

杰尔格勒之女娜日森捐赠

内蒙古民族解放纪念馆藏

　　棉质。深蓝色，白色里衬，翻领，单排有机玻璃扣。右侧上方配有一个暗兜，下侧左右配有两个明兜。衣面陈旧、泛白，领口、袖口有明显磨损。

　　杰尔格勒（1917～1982），又名金海田，蒙古族，辽宁省沈阳市康平县前八大虎屯人。1944 年 7 月，从伪满洲建国大学毕业。解放战争时期曾任科尔沁右翼前旗旗长、兴安盟盟长。

　　中华人民共和国成立后，杰尔格勒先后担任内蒙古自治政府林务总局局长、内蒙古自治区林业部副部长、中共呼伦贝尔盟委书记处书记、内蒙古自治区党委副书记、自治区人民政府副主席等职务。

　　据老同志回忆："杰局长没跟别人生过气，或是不开心乱发脾气什么的，有时候下林场的时候就跟同志们一起住大帐篷，一住就是好几天，跟同志们在一起特别随和，着装也很朴素。我印象中他一年四季就是穿身中山装，冬天的时候外面套个旧的皮大衣。"一件中山装，成为杰尔格勒勤政务实、俭朴生活的历史见证。

1948 年的杰尔格勒

巴图巴根的毛毯

20 世纪 40 年代

长 198、宽 116 厘米

巴图巴根捐赠

内蒙古民族解放纪念馆藏

羊毛质。长方形，有黄、绿、灰三色相间花纹。

巴图巴根（1923～2012），蒙古族，出生于吉林省白城市镇赉县莫格乡才立屯一个贫苦的长工家庭里。他青少年时期就怀有远大的理想和坚定的信念，带着为民族解放的满腔热情投身革命。1946 年加入中国共产党，并在党的培养下，在斗争中成长起来。1945 年巴图巴根在王爷庙街参加内蒙古人民革命青年团，是内蒙古人民革命青年团的创始人之一。该毛毯是他在王爷庙街做内蒙古人民革命青年团工作时购买并一直使用的。

1947 年 5 月内蒙古自治政府成立时，巴图巴根当选为内蒙古临时参议会议员。巴图巴根在其革命生涯中始终对党和人民的事业无限忠诚，鞠躬尽瘁，为自治区的各项事业做出了重要贡献。

刘春的名章

1950 年

印面边长 1.8、高 4.7 厘米

刘春之子刘歌捐赠

内蒙古民族解放纪念馆藏

有机玻璃质。整体呈方柱状。印文为隶书阳文"刘春"二字，印面有破损。该章为刘春在北京工作期间使用，伴随他走过了 40 多年的风风雨雨。在当时，有机玻璃印章是件稀罕物，刘春非常爱惜它，一直让秘书保管。即使后来印面因使用时间太长而损坏，他也没舍得扔掉，一直修修补补，直到去世。

刘春还有一枚石质名章，主要用于其创作的文学艺术作品上。刘春自幼喜爱诗文，工作之余，偶有所感，便记录下来。1964 年，毛泽东见到与刘春同名同姓的外交部"将军大使"刘春时说："你是武刘春，我们还有一个刘春，那是文刘春。"

关于蒙、绥合并的布告

1954 年 3 月 5 日

纵 110、横 77.5 厘米

内蒙古自治区档案馆征集

内蒙古民族解放纪念馆藏

纸质。竖排油印。左侧印有"内蒙古自治区人民政府印"及"绥远省人民政府印"印章。此布告主要内容为内蒙古自治区和绥远省合并相关事宜。

1954 年 1 月 11～17 日，绥远省举行第一届第三次各界人民代表会议，各族各界 400 多名代表出席，会议主要讨论了蒙、绥合并及撤销绥远省建制的问题。1 月 18 日，中央人民政府政务院第 204 次会议同意内蒙古自治区人民政府和绥远省人民政府提出的、绥远省第一届第三次各界人民代表会议上通过的《关于绥远省、内蒙古自治区合并、撤销绥远省建制的决议的报告》，并报请中央人民政府委员会正式批准，命令内蒙古自治区人民政府和绥远省人民政府遵照执行。3 月 5 日，内蒙古自治区人民政府、绥远省人民政府发表联合布告，宣布以下决议：

一、绥远省与内蒙古自治区合并，撤销绥远省建制和绥远省人民政府；自 1954 年 3 月 6 日起，原绥远省辖区统一由内蒙古自治区人民政府领导。

二、改集宁专区为平地泉行政区，撤销绥远省人民政府集宁区专员公署，成立平地泉行政区人民政府；改陕坝专区为河套行政区，撤销绥远省人民政府陕坝区专员公署，成立河套行政区人民政府；两行政区均成为内蒙古自治区人民政府领导下的一级政权。

三、取消陶林县建制，调整绥东四旗区划建制，结束了旗县并存的历史。

四、改伊克昭和乌兰察布两盟的自治区建制为人民政府，两盟为内蒙古自治区人民政府辖下的一级政权。

布告最后提出，蒙、绥合并"是中国历史上以民族平等、团结互助的精神解决民族问题的重大措施；也是在国家过渡时期总路线光辉照耀下，进一步解决民族问题，推进国家建设的正确的、必要的措施"。

1954 年 4 月 20 日，归绥改称呼和浩特，恢复了建城时的原名，并成为内蒙古自治区的首府。6 月 19 日，中央人民政府委员会第 32 次会议正式批准蒙、绥合并，撤销绥远省建制，并相应撤销绥远军政委员会和绥远省人民政府。

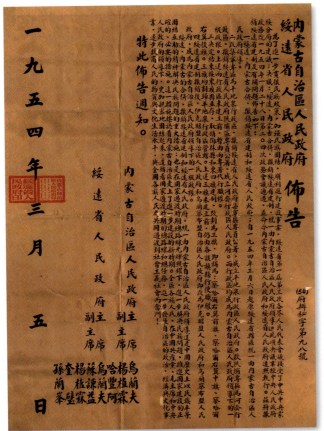

内蒙古自治区人民政府
绥远省人民政府 布告

(54)府办秘字第九八号

绥远省第一届第三次各界人民代表会议接受了中共中央和人民政府关于撤销绥远省建置，由内蒙古自治区人民政府和绥远省人民政府遵照执行。兹将撤销绥远省建置，及将绥远省人民政府和内蒙古自治区人民政府统一由内蒙古自治区人民政府领导等事项，布告如下：

一、撤销绥远省建置和绥远省人民政府。

二、绥远省人民政府所属全部行政区域内之各种行政事项，及在绥远省内原由绥远省人民政府领导之各项工作，今后统一归内蒙古自治区人民政府领导。

右布告，绥远省人民政府所属各级行政机关及全省各族人民一体遵照。

内蒙古自治区人民政府 主席 乌兰夫
副主席 杨植霖
绥远省人民政府 副主席 哈丰阿
主席 杨植霖
苏谦益
奎璧
孙兰峰

一九五四年三月五日

乌兰夫手迹

1954 年

纵 14.2、横 19.5 厘米

乌兰夫原蒙古文秘书清格尔泰捐赠

内蒙古民族解放纪念馆藏

　　纸质。竖排毛笔手写。1954 年，乌兰夫到北京参加中央人民政务院第 30 次会议期间，某一天，内蒙古自治区基层干部请求提供乌兰夫肖像。秘书部印制肖像时，希望能有乌兰夫的签名。于是乌兰夫题写了"民族平等团结""建立民族大家庭"两句题词并签名。为了让牧区干部看得懂，乌兰夫特意让时任其蒙古文秘书的清格尔泰加写了蒙古文。

　　在乌兰夫的一生中，出于革命的需要，做过党、政、军、群各个领域、各个方面的工作，但有一项工作始终是他为之奋斗终身的，那就是民族工作。乌兰夫被党中央誉为"卓越的民族工作领导人"，对党和国家民族工作的理论与实践，都做出了卓越的贡献。

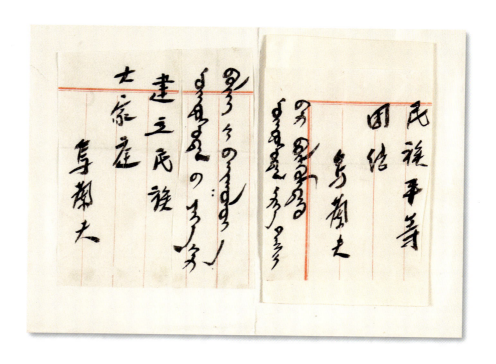

朋斯克参加中华人民共和国第一届全国人民代表大会第四次会议时的工作证

1957 年 6 月

纵 6.7、横 11.3 厘米

朋斯克之子朋子刚捐赠

内蒙古民族解放纪念馆藏

纸质。横排。封面为红色，印有黑字"中华人民共和国第一届全国人民代表大会第四次会议工作证"。内页左侧印有四项注意事项，右侧为证件持有人照片、姓名、单位，并加盖钢印。

朋斯克（1905～1991），又名包凤岐，出生于内蒙古哲里木盟科尔沁左翼前旗（今辽宁省阜新市彰武县）。1946 年 11 月加入中国共产党。历任内蒙古自治运动联合会常委、内蒙古自治运动联合会东蒙总分会组织部副部长。中华人民共和国成立后，朋斯克历任中央民族学院筹备小组负责人、中央人民政府体育运动委员会委员、内蒙古自治区政协副主席兼秘书长等职。

此证件是朋斯克参加中华人民共和国第一届全国人民代表大会第四次会议时的工作证。

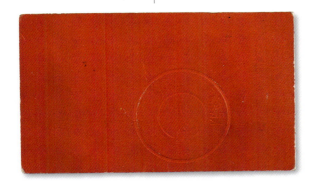

吉雅泰的皮大衣

20 世纪 50 年代

长 113、宽 86 厘米

吉雅泰之女吉元捐赠

内蒙古民族解放纪念馆藏

　　皮质。黑色，长款翻领双排扣大衣，腰部配有束带。

　　吉雅泰是中华人民共和国成立后的首任中华人民共和国驻蒙古人民共和国大使，是中华人民共和国第一批驻外大使之一，也是第一位少数民族大使。吉雅泰一生节俭朴素、克己奉公，1950 年 6 月，被任命为驻蒙古国大使，在赴任之前，组织上为他定做了这件皮大衣。

内蒙古自治区成立四十周年纪念章

1987 年 5 月 1 日

直径 5、厚 0.3 厘米

内蒙古自治区乌兰浩特市征集

内蒙古民族解放纪念馆藏

　　铜镍合金质。圆形。纪念币正面上方为汉蒙双语"内蒙古自治区成立四十周年纪念"字样及发行时间"1947—1987""5·1";中心主体图案为兴安盟内蒙古自治政府成立纪念地——五一会址。背面印有汉蒙双语"内蒙古自治区兴安盟"字样,图案为乌兰浩特市成吉思汗庙远景。整个纪念章正、背两面图案布局对称、周正,风格稳健、大气,极具庄严感。

　　1987 年 8 月 1 日,内蒙古自治区隆重举行了自治区成立 40 周年庆祝活动,中共中央、全国人大常委会、国务院发来贺电,希望内蒙古自治区从实际出发,认真贯彻执行党的十一届三中全会以来的路线、方针、政策,坚持改革、开放、搞活的总方针、总政策,把全自治区的社会主义现代化建设搞得更快更好。中央派出了以乌兰夫为团长、习仲勋为副团长的中央代表团。内蒙古代表团向自治区赠送了锦旗,上面绣着国家主席李先念的题词:"各族人民团结起来,为搞好内蒙古的社会主义现代化建设而奋斗!"在庆典期间,乌兰夫和中央代表团全体成员与内蒙古各族人民一起参加了一系列的庆祝活动。

 —

贰

中国共产党领导下的
内蒙古地区的军事斗争

解放战争时期缴获的勃朗宁 M1900 自动手枪

20 世纪上半叶

口径 0.765、长 15.2 厘米，重 0.56 千克

中国人民解放军总装备部捐赠

内蒙古民族解放纪念馆藏

　　该枪由枪管、套筒、握柄和弹匣组成。枪身主体为钢制，握柄由两块木板拼接而成。套筒前端设有准星，后端有"V"形照门。套筒前部有上下两孔，上孔容纳复进簧，下孔容纳枪管，后部有击针等部件。

　　M1900 自动手枪是比利时 FN 公司早期著名产品，采用简单的药筒坐力反冲式设计，后坐力很小，击针不突出，便于隐藏在衣袋内。抗日战争时期，中国从欧洲购买了大量的 M1900 自动手枪，因其结构相对简单，造价也不高昂，中国军械厂纷纷仿制。其中以金陵兵工厂和上海兵工厂制造的最为出名，据估计，当时仅中国仿制的 M1900 就多达 20 余万支。

抗日战争时期缴获的三八式步枪

20 世纪上半叶

口径 0.65、长 127.6 厘米，重 3.95 千克

中国人民解放军总装备部捐赠

内蒙古民族解放纪念馆藏

    钢质枪管，枪托由两块木板拼接而成。准星两侧配有护翼，机械瞄准具采用觇孔式照门，旋转后拉式枪机，枪机尾部转动保险。此枪为抗日战争时期中国军队缴获，是日本法西斯侵华的罪证。

    三八式步枪为栓动步枪，日本陆军于 1905 年将其正式作为制式武器，是第二次世界大战中日本陆军和海军最主要、最基本的武器，一直使用到第二次世界大战结束。

抗日战争时期缴获的三八式马枪

20 世纪上半叶

口径 0.65、长 96.5 厘米，重 3.3 千克

中国人民解放军总装备部捐赠

内蒙古民族解放纪念馆藏

　　钢质枪管，枪托由两块木板拼接而成。采用毛瑟旋转后拉式枪机，枪机上方有防尘盖，机尾圆柱形保险纽体积较大，并刻有防滑纹。框形表尺，背带环位于枪身左侧。此枪为抗日战争时期中国军队缴获，是日本法西斯侵华的罪证。

　　三八式马枪又称三八式骑枪、三八式卡宾枪，是与三八式步枪同时研发生产的短枪管型号，它不仅用于当时的日军骑兵，也同样用于工兵、炮兵、辎重运输部队，以及通信、航空部队的基地警备部队等二线部队。

抗日战争时期缴获的日本南部十四式手枪

20 世纪上半叶

口径 0.8、长 23 厘米，重 0.91 千克

中国人民解放军总装备部捐赠

内蒙古民族解放纪念馆藏

　　钢质枪身。瞄准基线较长，精度较高，穿透力较弱。采用枪管短后坐自动方式，枪管套筒上方后部设有活动式标尺，在其后侧设有一个定位槽，可将枪套插入握把中作为肩托使用。护圈较小，弹匣带有木基底，设有握柄保险，枪带环为焊接固定形式。此枪为抗日战争时期中国军队缴获，是日本法西斯侵华的罪证。

　　此枪为原日本南部式手枪的改进型，由名古屋兵工厂制造，1925 年被列为日本陆军制式武器，为将校级军官装备。

冯玉祥"抗日救国忠勇可风"纪念章

1933 年

长 5、宽 5、厚 0.2 厘米

吉林省长春市征集

内蒙古民族解放纪念馆藏

　　铜质。老式珐琅工艺，因时间久远部分已脱彩。正面图案有黄、蓝、黑、白、绿等颜色。左上角为黑色，象征当时被日本占领的东北三省，上面有"勿忘失地"四字；右上角为"抗日救国忠勇可风"8 字；中间为光芒四射的太阳，太阳中心为一"奖"字；最下方为"冯玉祥赠"四字。纪念章背面形状为当时的中国地图。此纪念章为著名抗日爱国将领冯玉祥赠送给察哈尔民众抗日同盟军将士的。

　　察哈尔民众抗日同盟军，又称察绥抗日同盟军，是冯玉祥、吉鸿昌、方振武等爱国将领于 1933 年在华北北部为进行抗日斗争而组建的军队。察哈尔民众抗日同盟军进行的察哈尔抗战，是中国爱国将领响应中国共产党团结抗日的号召、冲破当时国民党政府对日妥协政策的壮举。

1925 年 10 月冯玉祥在包头

王明贵的大衣

1943 年

长 102.5、臂展 151 厘米

王明贵之子王晓江捐赠

内蒙古民族解放纪念馆藏

王明贵

棉质。黄色，长款斜襟单排扣大衣，衣领和袖口处有翻毛。

王明贵（1910～2005），吉林省磐石县（今吉林省吉林市磐石市）人。1934 年参加革命，1936 年加入中国共产党。

1939 年 12 月，东北抗日联军第三路军总指挥部根据中共北满省委的决定，组成西北远征军指挥部，首次进入呼伦贝尔地区。1940 年 9 月，中共北满省委决定继续开辟呼伦贝尔游击区，同时尽可能打开一条南下的通道，以便和冀热察八路军取得联系，东北抗日联军第三支队在支队长王明贵率领下第二次进入呼伦贝尔地区。1941 年 7 月，为了发动群众，扰乱敌人后方，牵制敌人，第三支队按照东北抗日联军第三路军总指挥部的命令，第三次跨过嫩江进入呼伦贝尔地区，继续在布特旗、阿荣旗、莫力达瓦旗、巴彦旗、博克图、牙克石一带发动各族群众，开展游击战争。

王明贵三进呼伦贝尔，历经艰难困苦，发动少数民族群众展开抗日游击战争，粉碎了敌人的多次"围剿"，扩大了东北抗日联军的活动区域，这件大衣是推动内蒙古东部地区抗日斗争的重要历史见证。

杨植霖的公文包

1945 年
宽 37.5、高 25.5、厚 3.2 厘米
杨植霖之子杨雨春捐赠
内蒙古民族解放纪念馆藏

皮质。黑色，长方形，配有提手和两个带扣。此包是杨植霖任中共绥蒙区委委员，绥蒙政府副主席、主席时使用的。

杨植霖（1911～1992），出生于内蒙古土默特旗（今属内蒙古自治区呼和浩特市）什报气村的贫苦农民家庭，学生时期投身革命，1930 年加入中国共产党。抗日战争爆发后，杨植霖投笔从戎，走上抗日战场，促成了由大青山下的兵州亥村民众组成的"抗日团"与八路军的胜利会师，这支队伍后来发展成为绥远敌占区一支颇有实力的抗日武装。1940 年 5 月，贺龙、关向应指示在绥远敌占区建立省级抗日民主政府。经过几个月的筹备，成立了晋绥第二游击区行政公署驻绥察办事处，简称"绥察行署办事处"，并推选八路军大青山骑兵支队司令员姚喆兼任办事处主任，杨植霖任副主任。

1941 年 4 月 15 日，为适应抗日斗争的需要，绥察行署办事处改为"绥察行政公署"，杨植霖任主任，这是开辟大青山抗日游击根据地以来，绥蒙地区第一个省级抗日民主政权。1945 年 7 月起，杨植霖任中共绥蒙区委委员，绥蒙政府副主席、主席。

1946 年冬王铎、杨植霖、张寒石（左起）合影

何什格的擦枪油壶

1945 年

宽 4.9、高 8.6、厚 2.2 厘米

何什格捐赠

内蒙古民族解放纪念馆藏

　　铁质。整体呈长方形。壶盖呈圆形凸起，下方有铁丝与壶身连接。壶身布满铁锈。

　　何什格（1923～？），蒙古族。出生于内蒙古自治区赤峰市翁牛特旗，1947 年加入中国共产党。曾任卓盟纵队一支队二连连长、翁敖旗支队副队长、中国人民解放军一六八师炮兵营营长、华北军区装甲兵某部机械科科长、内蒙古军区军械部副部长等职。1981 年任内蒙古军区后勤部顾问。1984 年离休。何什格在解放战争中英勇作战，立下了赫赫战功。

嘎斯 51 卡车

1945 年

长 5.4、宽 2.1、高 2.15 米

北京市征集

内蒙古民族解放纪念馆藏

　　车身墨绿色，全车大部分为金属材质，车门为木头外罩一层铁皮，后挂方形车厢为木质。"人"字形花纹轮胎，前二后四，后轮驱动。车前配有圆形大灯和小灯，车后左侧配置尾灯加刹车灯的组合灯。驾驶室配有两人座椅，仪表盘共有五个表，分别为燃油表、电流表、机油压力表、水温表、速度里程表。共有上、下、左、右四个档位，分别表示直行、左转、右转、调头，简单实用。这辆卡车为苏联红军撤出东北时留下的，现陈列于中国共产党内蒙古工作委员办公旧址院内。

　　1947 年 1 月，乌兰夫肩负着党中央赋予的筹建内蒙古自治政府的重任，乘坐嘎斯 51 卡车从贝子庙启程奔赴王爷庙街，一路上听取各盟旗关于内蒙古自治运动工作的汇报，同时组织选举出参加内蒙古人民代表会议的代表。1947 年 2 月 14 日，乌兰夫率领内蒙古自治运动联合会部分机关人员、参加内蒙古人民代表会议的部分代表和联合会西蒙总分会执委到达王爷庙街，开始内蒙古自治政府的筹备工作。

陶铸手稿

1946 年
单页纵 21.1、横 13.8 厘米
赵石之女赵宏音捐赠
内蒙古民族解放纪念馆藏

纸质。钢笔横排手写。
信件内容为：

　　田司令员：
　　我回到白找到赵同至王爷庙，二师问题大体得到解决，但我须急回白城子，因战争情势紧急之故，望你与吕即来白城子一趟，我的警卫员与马还望设法带回，其余再面议。
　　敬礼。

陶铸　二日

　　此手稿应是陶铸写给田维扬的信。"田司令员"即田维扬，1945 年 12 月至 1946 年 11 月先后任东北人民自治军辽西军区第一军分区司令员和东北民主联军辽吉军区第一军分区司令员；"赵"即赵石，时任内蒙古骑兵第二师政委；"吕"即吕正操，时任西满军区司令员。"白"指白城子，为当时西满军区所在地；"王爷庙"，即王爷庙街，1947 年 12 月后改称乌兰浩特市。信中提及的"二师"，指内蒙古骑兵第二师，为当时内蒙古的五个骑兵师之一，驻哲里木盟。"二师问题"应是指蒙汉部队合编的问题。

1946 年 11 月，丁修、吕明仁、陶铸、
曾志（左起）在白城子

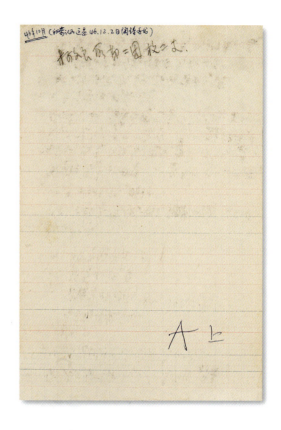

胡秉权的大衣

1946 年
长 133、宽 85 厘米
胡秉权之子胡东光捐赠
内蒙古民族解放纪念馆藏

胡秉权

皮质。棕色。长款翻领双排扣大衣。衣领有浅棕色翻毛。1946 年苏军撤离东北，苏联红军一位高级将领在一座桥上与胡秉权告别时将这件皮大衣赠予胡秉权。胡秉权在解放战争时期穿过这件大衣。

胡秉权（1908～1973），吉林省洮安县（今吉林省洮南市）人。1936 年加入中国共产党，1937 年参加八路军。历任内蒙古骑兵第二师政委、辽吉军区哲里木盟军分区第二政委、内蒙古军区副司令员兼参谋长等职。

1945 年 11 月 25 日，时任东北民主联军洮南支队副政委的胡秉权按照中共中央东北局"尽快全面接收东北"的指示，受中共嫩江省委派遣抵达突泉县，着手开展突泉县民主政府的组建工作。11 月 27 日，胡秉权主持召开了突泉县各界名流、开明士绅、进步人士的联席会，向与会者宣传中国共产党的统一战线政策及针对当下时局的政治主张，并在会上作题为《抗战胜利后的时局》的报告。12 月 5 日，突泉县反动分子相互勾结，发动反革命武装叛乱，伙同当地土匪占据突泉县城，建立国民党党部和县政府，扣押胡秉权，杀害李兴孝。获悉此事后，阿思根当即率领王爷庙警备总队第二大队火速前往突泉，与东北民主联军嫩江一支队派来的援兵相互配合，营救胡秉权，解放突泉县。12 月 21 日，胡秉权、阿思根主持召开了突泉县群众大会，宣布复建由中国共产党领导的县民主政府，成立旗县联防司令部，负责突泉、西科中旗地方治安。

东北民主联军嫩江军区臂章

1946 年

长 6、宽 9.5 厘米

内蒙古自治区兴安盟乌兰浩特市征集

内蒙古民族解放纪念馆藏

　　用白色棉布缝制而成。正面印蓝底，中央有一白色椭圆形图案，内印蓝色"东北民主联军"字样，下方印有"嫩江军区一九四六年""佩用"字样。背面上方从右至左印有填写姓名、编号、部队番号等个人信息之处，下方印有"（一）服从上级命令　（二）遵守革命纪律　（三）维护民主政府　（四）保卫人民利益"。

　　抗日战争胜利后，中共中央决定，将由抗联队伍发展而来的东北人民自卫军和挺进东北的八路军、新四军部队合并组成东北人民自治军。1945 年 10 月东北人民自治军嫩江军区成立，为西满军区下辖军区。1946 年 1 月，东北人民自治军改称东北民主联军。

　　抗战胜利初期，东蒙古地区政治形势十分复杂。王爷庙街作为东蒙古地区的政治、经济、文化中心，社会矛盾和政治斗争尤为激烈。惯匪出身的闫振山和他拼凑起来的"维持队"十分猖獗，不仅严重扰乱了王爷庙街地区的社会秩序，而且一定程度上影响并阻碍着刚刚兴起的东蒙古民族解放运动的发展进程。为了尽快除掉这股反动武装，1945 年 11 月中旬，东北人民自治军嫩江第一支队某营教导员张义成奉命率部前往王爷庙街执行作战任务。经过缜密部署和密切配合，成功消灭闫振山及其"维持队"武装，清除了祸患。

东北人民自治军嫩江军区第一支队某营战士

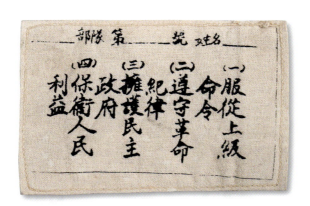

军事行动结束后，张义成带领小分队在王爷庙街、兴安镇等地积极开展宣传革命形势、动员青年农民参军等革命活动，使东蒙古民族人士和进步青年，对中国共产党及其领导的人民军队有了初步的认识和了解，对东蒙古地区民族解放运动产生了积极影响。

东北民主联军宣传单

1946 年

纵 13、横 15 厘米

赵石之女赵宏音捐赠

内蒙古民族解放纪念馆藏

纸质。竖排红色铅印。此宣传单是东北民主联军在解放战争时期散发张贴的宣传单。

宣传单标题为"暴政 税吏武装催税 保长行凶杀人"。主要内容为两例蒋政暴行：一是云南省直接税局蒙化查征所实行武装催税，税警拘捕吊打商民范文安夫妇并断范妇手指；二是平彝县保长陈某于征兵时打死壮丁金镇河兄弟二人。同时呼吁蒋区人民团结起来反对蒋介石反动派的暴政，结束美蒋反动统治。

1946 年 1 月至 1947 年 11 月，东北民主联军开展了大量的宣传工作，以呼吁广大人民团结起来，抵制国民党反动派的暴政，建设民主、独立、繁荣的新中国。

冀南军区司令部颁发的"朱德奖章"

1947 年

直径 3.8 厘米

吉林省长春市征集

内蒙古民族解放纪念馆藏

  铜质。圆形。老式珐琅工艺。正面为红、黑两种颜色。奖章上部有一红色飘带图案，内刻"朱德奖章"字样；中部古铜色圆圈内刻有红色"奖"字；下部为机枪手卧倒射击场景。背面有"1947"字样。

  解放战争时期，中国人民解放军广泛开展立功运动，涌现出成千上万的战斗英雄和模范。由于这一时期我军的经济条件有所改善，为表彰战斗英雄和模范，各部队颁发了大量的勋章、奖章。此奖章为 1947 年冀南军区司令部颁发的"朱德奖章"。

《东北日报》刊登《内蒙党工委决定成立内蒙军司令部　加强统一指挥与政治工作》报道

1947 年 12 月 13 日

纵 52.2、横 37.5 厘米

内蒙古自治区兴安盟乌兰浩特市征集

内蒙古民族解放纪念馆藏

　　纸质。竖排油印。此报第 1 版刊登有题为《内蒙党工委决定成立内蒙军司令部　加强统一指挥与政治工作》的报道。

　　报道中写道："内蒙古共产党工作委员会，为加强内蒙人民自卫军各部队之统一指挥与政治工作。于十一月二十六日决定正式成立内蒙古人民自卫军司令部及政治部，由内蒙自治政府主席云泽任司令兼政治委员，阿思根、王再天任副司令员，方知达任政治部主任，前兴安军区及自治政府之军事部已决定取消，其一切任务与工作均并入内蒙古人民自卫军司令部及政治部。"

　　1948 年 1 月 1 日，内蒙古人民自卫军改称内蒙古人民解放军，乌兰夫任司令兼政委。内蒙古军区下辖骑兵第一、二、三、四、十一、十六师及卓盟纵队、警卫团、独立三团、独立五团等部，共约 2 万人。

内蒙古自治政府关于取消军事部，
并入内蒙古人民自卫军的命令

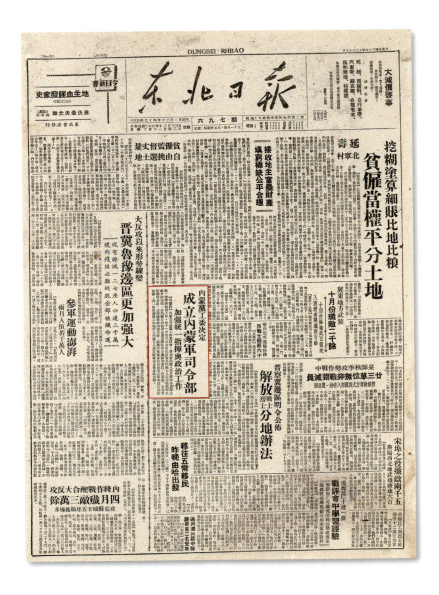

包启文的瑞士军用手表

1947 年

长 9.3、宽 3.5、厚 0.9 厘米

包启文之子锡文捐赠

内蒙古民族解放纪念馆藏

　　表壳边框使用钛金属，中部采用矿物玻璃制作。机械机芯，长方形白色表盘，表带已丢失。

　　包启文（1916～1997），蒙古族，内蒙古自治区兴安盟扎赉特旗人。1945 年 10 月参加革命，1986 年加入中国共产党。抗日战争胜利后，包启文毅然拒绝国民党的诱惑和收买，受东蒙古自治政府委派，回到家乡扎赉特旗开展组建地方武装、剿匪和建立地方民主政权等工作。他组建了扎赉特旗警备总队，并成立了内蒙古人民革命青年团扎赉特旗本部。1946 年春，中共中央西满分局任命其为景（星）、扎（赉特）、泰（来）地区蒙汉联防司令部司令员。1946 年 7 月，扎赉特旗警备总队改编为兴安支队，包启文任支队长。1947 年 8 月，包启文任内蒙古自治政府军政司司长。1949 年 5 月，任内蒙古军区人民武装部副部长。1984 年离休。

拉木扎布烈士的军用皮包

1947 年
长 29.3、宽 22.3、厚 8.8 厘米
拉木扎布的通讯员李生捐赠
内蒙古民族解放纪念馆藏

拉木扎布与妻子齐日的合影

拉木扎布（拉吗扎布）的烈士通知书

牛皮质。配有白铜锁扣。为内蒙古骑兵第一师二团三连连长拉木扎布的军用皮包。

拉木扎布（1922～1948），蒙古族。出生于郭尔罗斯后旗（今黑龙江省大庆市肇源县）头台区瓦房村的农民家庭。1945 年 10 月加入内蒙古人民革命青年团，1947 年加入中国共产党。1947 年 10 月，拉木扎布从东北军政大学军事队毕业后赴前线，在内蒙古骑兵第一师师部先后担任侦察参谋、作战参谋等职务。1948 年担任骑兵第一师二团三连连长。1948 年 10 月，在黑山阻击战中，内蒙古骑兵第一师在东北野战军主力十纵的领导下，经过胡家窝棚、清水泡子两次阻击战，以较少兵力抗击数倍于我之敌，完成了阻击敌人数十小时的艰巨任务。拉木扎布在清水泡子阻击战中牺牲，年仅 26 岁，用鲜血和生命保住了阵地。

为表彰拉木扎布的战斗功绩和献身精神，经上级批准，东北野战军总部为拉木扎布追记"战斗三大功"并授予他"人民烈士"的光荣称号。

内蒙古骑兵参加辽沈战役时使用的军号

1947 年

口径 11.5、长 33 厘米

辽宁省沈阳市征集

内蒙古民族解放纪念馆藏

  铜合金质。该军号由号嘴、号身、号碗、连接籍等部分组成，无活塞。军号又称冲锋号，一般用于指挥战斗、提高士气。

  中国共产党领导下的人民军队，从 1927 年组建中国工农红军时起，连队以上就有了司号员的编制，属于通信兵。1931 年中央军委发布了《关于司号问题的通令》，颁发了《中国工农红军军用号谱》，从此人民军队有了自己的号谱，通用号谱一直沿用至今。

  1948 年，根据东北野战军司令部的部署和命令，内蒙古骑兵部队参加辽沈战役。整个辽沈战役期间，内蒙古骑兵部队与东北野战军主力紧密配合，出色地完成了上级交给的战役侦察、远距离奔袭、运动防御、坚守阵地、追歼逃敌等战斗任务，充分发挥了骑兵兵种快速、机动、灵活、勇猛、果敢的作战特点和战斗传统，为东北全境的解放做出了重要贡献。这把军号在辽沈战役中曾一次次被吹响，鼓舞着战士们发起强有力的冲锋，是内蒙古骑兵部队英勇作战的见证。

驰骋在辽沈大地的内蒙古骑兵

都固尔札布参加东北夏季、秋季、冬季攻势的战斗日记

1947 年 6 月 30 日～1948 年 2 月 8 日

纵 26.5、横 19.2 厘米

都固尔札布之子包世民捐赠

内蒙古民族解放纪念馆藏

　　纸质。钢笔手写。封面写有"内蒙古骑兵第一师政委都固尔札布参加东北夏季、秋季、冬季攻势战斗日记（1947 年 6 月 30 — 1948 年 2 月 8 日）""130 页""捐赠者：原一师参谋处长巴音图"字样。

　　该日记是 1947 年 6 月 30 日至 1948 年 2 月 8 日，都固尔札布担任内蒙古骑兵第一师政委期间，率部参加东北民主联军夏季、秋季、冬季攻势的记录。据骑兵第一师参谋处处长巴音图回忆："老政委都固尔札布从年轻时就养成一种习惯，就是尽可能不间断地写日记。"这本日记不仅是研究内蒙古骑兵史、东北解放战争史的珍贵资料，更体现了一名人民军队指挥员的英勇机智和对党的事业的无限忠诚。

内蒙古骑兵部队于内蒙古自治政府成立日接受检阅

包舍英烈士用过的子弹箱

1948 年

长 35.7、宽 8.8、高 17 厘米

包舍英之侄那沙捐赠

内蒙古民族解放纪念馆藏

铁质。整体呈长方形。由箱盖和箱身两部分组成。箱盖上有环状提手，箱身侧面用方扣固定。

包舍英（1922～1948），为西科前旗（今内蒙古自治区科尔沁右翼前旗）乌兰毛都努图克新生政权领导下的勿布林嘎查第一任嘎查达（相当于村委会主任）。他久经沙场，被誉为"草原剿匪英雄"。1948 年在剿匪战斗中英勇牺牲，后被追认为革命烈士。

1948 年 2 月，乌兰毛都努图克满族屯发生叛乱，匪首德其格（又称"德瞎子"）是叛乱的罪魁祸首之一。他纠集 40 多名匪徒盘踞呼和锡勒山，在当地烧杀抢掠，严重破坏了牧民的生产生活。1948 年 4 月初，一支 24 人的剿匪小分队在乌兰毛都努图克达阿木尔门都的率领下，从勿布林嘎查出发紧追匪徒。包舍英是剿匪小分队的骨干，双方在胡硕头岭附近交火，包舍英在战斗中身中数弹，英勇牺牲。战士们循路杀回，击毙数名土匪，余匪逃窜。战斗结束后战友们将包舍英的遗体护送到他的家乡勿布林嘎查。

德匪残部后在高特山被歼灭，匪首德其格逃窜，后被蒙古人民共和国边防军抓获，1950 年被引渡回国，死于包头监狱。

包舍英烈士

胡昭衡日记（3 册）

1948 年 7 月 20 日～1950 年 1 月 24 日

第十六册纵 12、横 8.7、厚 0.7 厘米

第十七册纵 8.2、横 11.4、厚 0.9 厘米

第十八册纵 13.9、横 10.4、厚 1 厘米

胡昭衡之妻林以行捐赠

内蒙古民族解放纪念馆藏

　　均为纸质。横排。3 册日记封面均有磨损，其中 2 册为黑色、1 册为深蓝色。3 册封面分别写有"日记本第十六册（1948.7.20 —48.10.31）""日记本第十七册（1948.11 —49.1.28）""日记本第十八册（1949.1 —50.1.24）"字样。这 3 册日记记录了胡昭衡 1948 年 7 月至 1950 年 1 月的战斗生活和当时革命形势的发展情况，以及一些历史人物、事件。

　　胡昭衡（1915～1999），原名李欣，曾用名胡蛮，河南省荥阳市人。他于 1933 年在北京汇文中学读书时参加了左翼作家联盟；1935 年作为北大学生会执委，参与组织了一二·九运动；1937 年七七事变后投笔从戎，参加八路军，走上了革命道路。解放战争时期，胡昭衡随部队进军东北，曾任东蒙军政干部学校政治委员、中共东蒙工作委员会委员、内蒙古自治运动联合会东蒙总分会秘书长、兴安军区政治部主任，并参加了内蒙古自治政府的组建工作。1948 年 3 月至 1949 年 6 月，胡昭衡任内蒙古骑兵第一师政委，参加了辽沈战役以及之后东北地区的剿匪战斗。

"五一大会"期间高梯青、林以行、胡昭衡、特古斯（左起）的合影

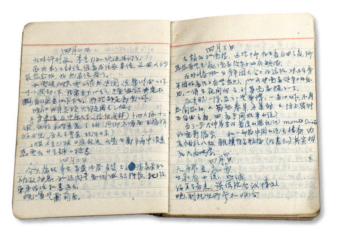

　　胡昭衡一生坚持写日记，无论是在部队休整期间，还是在剿匪战斗中，他都经常掏出笔和本子，或伏在桌上，或以膝为桌，记下当天发生的事情。他的日记超过500万字，被完整地保存了下来。

赵石写给内蒙古骑兵第一师、第二师的信

1948 年 11 月 18 日

纵 26.6、横 19.2 厘米

赵石之女赵宏音捐赠

内蒙古民族解放纪念馆藏

　　纸质。竖排手写。这封信是 1948 年 11 月 18 日赵石写给内蒙古人民解放军骑兵第一师师长王海山、政委胡昭衡和第二师师长白音布鲁格（王海峰）、政委胡秉权以及全体指战员的信。

　　信的主要内容为表达对他们参加解放长春、沈阳战役的敬意，同时肯定了他们在开展秋季攻势的两个月以来，实行新式整训与学习新的战略战术后取得的巨大进步。

　　1948 年 9 月 12 日，辽沈战役拉开序幕。内蒙古人民解放军骑兵第一师、第二师分别参加了围困长春、阻击和歼灭国民党廖耀湘兵团及解放沈阳等战斗。他们同兄弟部队并肩战斗，充分发挥了迅速、灵活、勇猛等优势，在人民解放军摩托化、机械化水平不高的情况下，一定程度上弥补了部队速度上的短板，出色地完成了上级交给的侦察、防御、追歼等各项艰巨的战斗任务，为东北地区的解放做出了重要贡献。

内蒙古人民解放军骑兵部队从辽西战场向沈阳进发

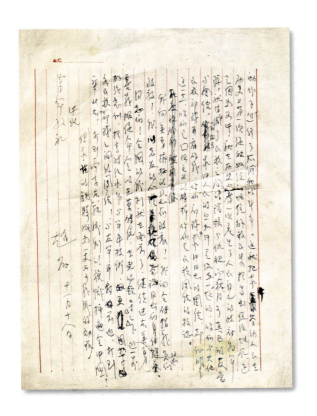

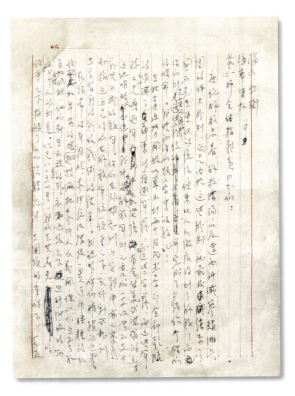

吐古舍烈士的马刀

1948 年

长 92.5、宽 11 厘米

吐古舍之子布仁巴雅尔捐赠

内蒙古民族解放纪念馆藏

铁质刀身，木质刀鞘。刀身弯曲，厚背薄刃，较为沉重；刀柄略弯，柄部有铜质环形护手；刀鞘上有挂环。此马刀为内蒙古骑兵第四师四十三团团长吐古舍的佩刀。

吐古舍（1911～1948），蒙古族，内蒙古自治区通辽市科尔沁左翼后旗人。1936 年，吐古舍参加德王伪蒙古军炮兵队。几年后转入伪蒙古军第八师（后改称第九师），跟随内蒙古人民革命党党员乌勒吉敖喜尔和关保扎布秘密开展策反工作。1939 年，中国共产党派中共党员毕力格巴图尔加强对地下工作的领导，并与八路军大青山抗日根据地取得联系。

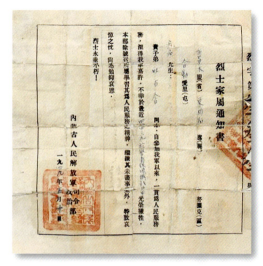

吐古舍的烈士家属通知书

　　1945 年 8 月 10 日，抗日战争胜利前夕，伪蒙古军第九师在乌兰察布盟四子王旗乌兰花镇宣布起义，被编为内蒙古人民游击队，乌勒吉敖喜尔任司令员。1946 年"四三"会议后，内蒙古人民游击队改编为内蒙古人民自卫军第四支队，1946 年 11 月，扩编为内蒙古人民自卫军骑兵第十一师，1948 年 1 月改称内蒙古人民解放军第十一师。这支部队后来成为中国人民解放军内蒙古骑兵第四师，在解放战争和剿匪战斗中战功卓著。

　　1946 年 2 月吐古舍加入中国共产党，曾任内蒙古骑兵第十一师三十三团团长。1948 年 4 月 23 日，吐古舍在战斗中壮烈牺牲。

廷懋的袜子

1949 年
长 24、宽 9.5 厘米
廷懋之妻胡淑荣捐赠
内蒙古民族解放纪念馆藏

1949 年底，内蒙古党政军机关西迁张家口，
胡秉权、胡昭衡、廷懋和吉合（左起）
在军区新址合影留念

针织棉袜。袜头齐平，袜筒后开口，左右两只脚底和后跟处均有蓝色棉布补丁。

廷懋（1913～2004），蒙古族，辽宁省沈阳市人。1935 年参加一二·九爱国运动，1936 年 8 月加入中国共产党。廷懋曾参加抗日战争、解放战争。1955 年被授予少将军衔，并先后被授予中华人民共和国二级独立自由勋章、一级解放勋章和中国人民解放军一级红星功勋荣誉章。

1948 年，廷懋到内蒙古工作，担任军区政治部第二副主任兼组织部部长，军区机关驻乌兰浩特市。当时内蒙古军区的几个骑兵师组建时间短，情况复杂，党组织亟待发展壮大。面对千头万绪的工作，廷懋一面积极争取原部队的支援，一面选送素质好的基层干部到各解放区军政干校、东北军政大学、内蒙古军政大学等院校深造。这些青年干部毕业后充实到内蒙古军区政工干部队伍中，成为内蒙古军区党的骨干力量，有的还担任了团、营级领导职务。

这双经多次缝补的袜子，见证了廷懋爱惜物品、生活简朴的作风。

《内蒙古日报》刊登《锡盟乌珠穆沁旗境内剿匪获得巨大胜利》报道

1949 年 6 月 14 日

纵 53.4、横 37.2

内蒙古自治区兴安盟乌兰浩特市征集

内蒙古民族解放纪念馆藏

纸质。竖排油印。此报为《内蒙古日报》1949 年 6 月 14 日第 458 期，其上刊登了题为《锡盟乌珠穆沁旗境内剿匪获得巨大胜利》的报道。

解放战争时期，内蒙古地区的匪患十分严重。地方反动势力及日伪残余与惯匪相互勾结，在解放区腹地流窜，不仅给各族人民造成了长期的祸患，也成为内蒙古人民革命斗争的巨大障碍。因此，如何清除匪患、安定解放区社会秩序、保障人民生命财产的安全，成为我党我军面临的重大问题。

为彻底消灭流窜的土匪、残敌，内蒙古自治政府于 1948 年 12 月 14 日向全区发布公告，重申了政策：对能够主动投降的土匪和国民党散兵游勇予以宽大处理；对继续为害者则予以严惩。自治政府要求各级政府、公安机关和地方武装密切配合，全力剿匪。《内蒙古日报》也以《加强锄奸剿匪 巩固后方治安》为题发表社论，号召内蒙古各族人民提高警惕，加强民兵建设，肃清一切散匪。内蒙古人民解放军在锡林郭勒盟贝子庙成立了以王再天为总指挥、奎璧为政委、包明德为参谋长的临时剿匪指挥部。同时调集内蒙古人民解放军骑兵第一师、第十师及警卫团，分别开赴昭乌达盟、锡林郭勒盟、察哈尔盟，展开大规模剿匪斗争。

经过近半年的艰苦作战，内蒙古各族军民终于取得了剿匪斗争的胜利，从而保障了内蒙古地区土地改革、民主改革运动的顺利进行。

"九一九"起义通电全文

1949 年 9 月 19 日

纵 51、横 139 厘米

内蒙古自治区档案馆征集

内蒙古民族解放纪念馆藏

　　1949 年 9 月 19 日上午，在绥远省银行包头分行，董其武率国民党绥远军政干部和地方各族各界代表 39 人，代表绥远省国民党军全体官兵和各级行政人员宣布起义，并发出通电宣告："正式脱离依靠美帝国主义的蒋介石、李宗仁、阎锡山等反动派残余集团，坚决走到人民方面来，……在中国共产党领导下努力学习，自我改造，和全国人民一起来粉碎帝国主义侵略中国的任何阴谋，消灭反动派一切残余势力，实现新民主主义，即革命的三民主义，和平建设新绥远，和平建设新中国。我们热切期望人民领袖毛主席、朱总司令及各界民主人士指导我们，教育我们，使我们能在新社会中忠实的为人民服务。"这就是绥远"九一九"起义。

　　同年 9 月 20 日，毛泽东、朱德复电董其武等，对参加绥远起义的全体部队官兵、政府工作人员和各界人士予以慰勉和祝贺："希望你们团结一致，力求进步，改革旧制度，实行新政策，为建设人民的新绥远而奋斗。"聂荣臻、薄一波也复电董其武："我们于欣慰之余，特致热烈的祝贺。从此华北全境之内，国民党反动派所妄图倚为最后挣扎的据点宣告扫除，这对全华北今后建设的事业和华北军民支援全国解放战争最后胜利的事业，均极为有利，……把绥远建设成真正的人民解放区，把军队改编成为真正的人民解放军，为建设新绥远、新华北及彻底解放全中国而奋斗。"

1949 年 9 月 19 日，董其武
在起义通电上签字

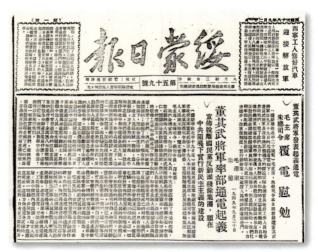

《绥蒙日报》刊登《董其武将军率部通电起义》报道

　　为庆祝绥远和平解放，绥远军民在归绥、包头、陕坝等地分别举行了庆祝大会。董其武主持了归绥的庆祝大会，宣读了毛泽东、朱德和聂荣臻、薄一波的复电，使广大军民受到极大鼓舞。

　　绥远"九一九"起义当天，傅作义召集军政干部讲话，检讨了过去执行"戡乱"的错误立场。他说："现在我把大家领到光明的大道上来了，希望大家在毛主席、共产党的领导下，努力学习，自我改造，全心全意为人民服务。"9月22日，傅作义同邓宝珊、孙兰峰等人返回北平，聂荣臻和薄一波等到车站热烈欢迎。

　　9月23日，傅作义、邓宝珊、孙兰峰、周北峰出席已经开幕的中国人民政治协商会议第一届全体会议。董其武经周恩来批准，请假留在绥远，处理起义善后事宜。在中国人民政治协商会议第一届全体会议上，傅作义、邓宝珊当选为政协第一届全国委员会委员，傅作义当选为中华人民共和国中央人民政府委员会委员。

　　9月25日，董其武发布《为绥远军民起义告全省人民书》，指出："从九月十九日起，我们已经脱离了反动派残余集团，走向人民民主革命的光明前途！这是我们绥远人民由矛盾痛苦中所制造出来的新生，我们应该在新生之后，毫不迟疑、不徘徊地力求进步，完成我们时代的任务……为建设人民的新绥远而奋斗。"

杨连元的毛巾

1949 年

长 77.5、宽 35.5 厘米

杨连元之子杨文清捐赠

内蒙古民族解放纪念馆藏

　　棉质。白色。毛巾上印有"将革命进行到底""卫国保家"字样及军徽。此毛巾为 1949 年初东北人民政府慰问解放军的慰问品，当时杨连元在西满军区独立三团任班长。

　　杨连元（1929～2021），1947 年 7 月参加革命，1952 年 7 月加入中国共产党。历任西满军区独立三团班长，内蒙古军区警卫团骑兵连文化教员，呼伦贝尔军分区政治部宣传科副科长，突泉县武装部副政委、政委，突泉县委常委等职。1991 年 3 月离休。

　　1948 年 12 月 30 日，毛泽东为新华社撰写了题为《将革命进行到底》的新年献词，发表于 1949 年 1 月 1 日的《人民日报》上。献词号召全党、全军、全国人民坚决彻底全部消灭一切反动势力，推翻国民党的反动统治，建立人民民主专政的共和国，绝不能使革命半途而废。由此，"将革命进行到底"成为人民和军队继续斗争的行动口号。

孔飞的公文包

1949 年
宽 37.5、高 26、厚 3.2 厘米
孔飞之女阿木兰捐赠
内蒙古民族解放纪念馆藏

　　帆布质。米黄色，长方形，配有黑色拉链，内里无隔层。右下角印有 1949 年中国人民政治协商会议徽标。该公文包为孔飞参加全国政协会议时所用。

　　孔飞（1911～1993），蒙古族，内蒙古自治区通辽市科尔沁左翼中旗人。1936 年 4 月加入中国共产党。1948 年 1 月后任内蒙古骑兵第十师和中国人民解放军内蒙古军区骑兵第三师师长等职。

　　1945 年 12 月，内蒙古人民革命党东蒙本部派包玉昆持特木尔巴根、哈丰阿写给佛鼎等人的信函来到张家口，乌兰夫接见了包玉昆。随后，内蒙古自治运动联合会组成东蒙工作团，赴东蒙与东蒙自治运动领导人商谈统一开展内蒙古自治运动的问题。孔飞作为东蒙工作团的重要成员，为统一东、西蒙自治运动，建立中国共产党领导的第一个省级少数民族自治区做出了重要贡献。

1947 年孔飞在赤峰林西

王海山的手表

20 世纪 40 年代

表盘直径 3.5、厚 1.3 厘米

王海山之女王敏捐赠

内蒙古民族解放纪念馆藏

王海山与警卫员合影

金属质。机械机芯，金色表盘，配有钢制弹力表带。

王海山（1917～2000），达斡尔族，黑龙江省齐齐哈尔市梅里克斯达斡尔族区莽格尔吐村人。1945 年 8 月参加革命。1946 年 8 月加入中国共产党。曾任内蒙古骑兵第一师师长。

王海山率领的内蒙古骑兵第一师以作战勇猛著称。在著名的辽沈战役黑山阻击战中，内蒙古骑兵第一师在第十纵队首长们的领导下，阻击敌廖耀湘兵团西进。王海山和参谋处处长巴音图率部队进入距黑山东北 10 千米的胡家窝棚前进阵地，敌人是在重炮、飞机掩护下的国民党精锐青年军第二〇七师第三旅，骑兵战士们打退敌军多次进攻，直至白刃战，毙、伤敌数百名，骑兵第一师一团二连连长布和吉雅等 60 多位骑兵战士牺牲。战士们的顽强抗击，为我军主力作战赢得了时间，同时拉开了黑山阻击战的序幕。在大虎山战斗中，第四十二团一连荣立集体一等功，彰武战斗结束后，第十纵队首长表彰他们时说："只有这样的英雄部队才敢藐视比他们人数多 40 倍的敌人，在精神上压倒敌人，以非凡的勇气和智慧，采取敌人难以想象的危险战术战胜他们，这才是无产阶级的本色。"

这块手表伴随王海山参加革命，在辽沈战役黑山阻击战中精准计时，胜利地完成准时发起对敌攻击、乘马冲锋与阻击突围等任务。

厚和的解放东北纪念章

20 世纪 40 年代

直径 4 厘米

厚和捐赠

内蒙古民族解放纪念馆藏

　　铜质。略呈圆形。中心图案为东北地区地图和中国人民解放军军旗，军旗位于上方。外圈为蓝色太阳光芒。上有"解放东北纪念 1948"字样，左右两翼各嵌齿轮和松枝，下方蓝色波浪上嵌红色五角星。

　　厚和（1926～2010），蒙古族，郭尔罗斯前旗（今吉林省松原市前郭尔罗斯蒙古族自治县）库里村人。1945 年 7 月结识中共地下党员刘建民，开始参与创建郭前旗进步青年革命组织"大同会"。1946 年 6 月加入中国共产党。曾任"大同会"宣传科科长、自治运动联合会郭尔罗斯前旗支会副主任、中共郭前旗委委员、内蒙古人民代表会议代表。解放战争中，荣立两次大功和两次小功。

　　1948 年，中国人民解放军总政治部为参加解放东北的有功人员颁发"解放东北纪念章"，厚和获此殊荣。

都固尔札布的军帽

20 世纪 40 年代

直径 26、厚 8 厘米

都固尔札布之子包世民捐赠

内蒙古民族解放纪念馆藏

  毛呢质。军绿色 55 式大檐帽，帽檐外围有一圈红色镶边，帽子正面的五角星已丢失。

  都固尔札布（1914～1989），又名包凤翔，蒙古族，内蒙古自治区通辽市科尔沁左翼中旗人。曾在日本陆军士官学校学习，葛根庙抗日武装起义后，曾任兴安警备大队大队长、兴安警备总队总队长等职。1946 年加入中国共产党。曾任内蒙古骑兵第一师参谋长兼政治部主任、政委，内蒙古自治政府委员，内蒙古骑兵第二师第二政委等职务。

  1947 年 4 月 23 日，内蒙古人民代表会议召开，内蒙古骑兵第一师奉命执行大会会场外的安保警戒任务，并且在北山顶上架设火炮，随时打击敢于来犯的敌机。都固尔札布作为骑兵第一师的主要领导之一，既要参加会议，又要担起安保责任。他和王海山等同志每天抽时间召集连以上干部开一次碰头会，并随时上山巡查火炮阵地。

刘昌的眼镜

20 世纪 40 年代
长 15、宽 5.8、高 3 厘米
刘昌之子刘国庆捐赠
内蒙古民族解放纪念馆藏

刘昌

眼镜为黑色塑料半包边框，眼镜盒为棕色烫丝绒布面。

刘昌（1913～1992），福建省龙岩市长汀县人。1930 年参加古城游击队，1933 年加入中国共产党。参加了中央苏区第四、第五次反"围剿"作战和中央红军长征。到达陕北后，任红二十九军第二五七团政委。抗日战争时期，任陕甘宁边区独立五营政委、八路军留守兵团陇东军分区政治部主任等职。解放战争时期，任内蒙古骑兵第四师政治部主任、内蒙古骑兵第十师副政委、内蒙古骑兵第三师政委等职。

中华人民共和国成立后，刘昌任内蒙古军区政治部副主任、主任，内蒙古军区副政委、政委。1955 年被授予中国人民解放军少将军衔。荣获二级八一勋章、二级独立自由勋章、二级解放勋章、一级红星功勋荣誉章。

李海涛的"抗美援朝保家卫国"搪瓷缸

20 世纪 50 年代初

口径 9.4、高 8.8 厘米

李海涛亲属捐赠

内蒙古民族解放纪念馆藏

　　搪瓷质。缸身印有天安门城楼、华表图案，以及"抗美援朝保家卫国""赠给—最可爱的人""中国人民赴朝慰问团"字样。此搪瓷缸为李海涛使用过的。

　　李海涛（1919～2013），蒙古族，蒙古语名为希拉布扎木苏。出生于内蒙古敖汉旗（今属内蒙古自治区赤峰市）。1945 年 8 月参加八路军，1947 年 5 月加入中国共产党。曾任辽东要塞师参谋长，昭乌达盟军分区、内蒙古建设兵团第一副司令员等职。

　　解放战争中，他参加了热辽地区剿匪和辽西、辽沈、华北战役，荣获三级解放勋章。抗美援朝战争中，他参加了铁原阻击战、上甘岭战役、西海岸反登陆作战准备和 1953 年夏季攻势、金城进攻战役等，荣获朝鲜民主主义人民共和国授予的 1 枚二级自由独立勋章、1 枚国旗三级勋章和 8 枚纪念章。

　　在抗美援朝期间，中国人民抗美援朝总会为转达祖国人民对中国人民志愿军的关怀和敬意，在抗美援朝战争中和朝鲜停战后，三次组织中国人民赴朝慰问团，前往朝鲜慰问中国人民志愿军和朝鲜军民。慰问团成员由全国各民族、各民主党派、各人民团体和革命烈士家属、军人家属的代表，各条战线著名的劳动模范和中国人民解放军的战斗英雄及各界知名人士、文艺工作者组成，有力地支援了志愿军在前方作战。

王海虎的革命军人证明书

1954 年

纵 29.7、横 26 厘米

王海虎之妹王淑珍捐赠

内蒙古民族解放纪念馆藏

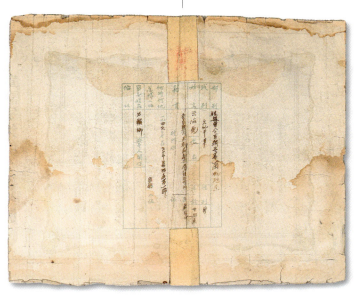

纸质。竖排彩色套印，个人信息部分为手写。证明书正面四周有金色麦穗纹边框。上边框正中为毛泽东、朱德头像，两边各有一面军旗。边框内右侧为"革命军人证明书"字样，以及证明书编号"军证字第壹七壹四七号"。证明书正文内容为"兹有王海虎同志，系一九四六年参加人民解放军，现在锡盟军分区骑兵第一团机枪连工作，其家属得按人民政府军属优待条例，享受军属荣誉与优待""此证""中国人民解放军内蒙古军区"等。左侧为蒙古文翻译。证书上还有套红印刷的"为人民服务"字样。

王海虎（1926~1995）出生于内蒙古自治区兴安盟，1946 年初，在内蒙古骑兵第一师第一团机要连参军入伍，期间任内蒙古骑兵第一师第一团第一连后勤干事。王海虎曾多次参加内蒙古东部地区剿匪斗争。1948 年，王海虎任内蒙古骑兵第一师师长王海山的警卫员。同年 10 月，随内蒙古骑兵第一师参加了著名的辽沈战役，在黑山、大虎山等地区阻击国民党军队的作战中英勇奋战，为东北解放战争的胜利做出了贡献。1949 年后，任营职教导员等职务。1954 年复员，在包头市昆都仑区民政局工作。

罗旺扎布的三级解放勋章

1955 年

长 5.6、宽 4.7 厘米

罗旺扎布亲属伶利捐赠

内蒙古民族解放纪念馆藏

　　银镀金质。整体呈五角星状，五角侧边略有弧度，每个角下方均饰有浮雕卷云纹。勋章正中的金色圆形区域内有红星照耀下的天安门图案，象征着中国共产党领导人民武装夺取全国胜利。背面有"中华人民共和国三级解放勋章""一九五五年—北京"等字样。

　　罗旺扎布（1920～？），蒙古族，辽宁省阜新蒙古族自治县人。曾任内蒙古骑兵第一师第二团团长，并参加辽沈战役，辽沈战役结束后又随内蒙古骑兵第一师参加了追剿国民党残匪的战斗。

　　1955 年 2 月 12 日，第一届全国人民代表大会常务委员会第七次会议通过《关于规定勋章奖章授予中国人民解放军在中国人民革命战争时期有功人员的决议》和《中华人民共和国授予中国人民解放军在中国人民革命战争时期有功人员的勋章奖章条例》。1955 年我军首次授衔的同时，"八一勋章"和"八一奖章""独立自由勋章"和"独立自由奖章"以及"解放勋章"和"解放奖章"分别被授予在中国工农红军时期、抗日战争时期和解放战争时期参加革命战争的有功人员。

　　解放勋章是授予中国人民解放军在解放战争时期（1945 年 9 月 3 日至 1950 年 6 月 30 日）参加革命战争有功而无重大过失的人员的。勋章分一、二、三级，均为银镀金材质，由全国人大常委会决定、中华人民共和国主席授予。一级解放勋章授予当时的军级以上及其相当干部；二级解放勋章授予当时的师级及其相当干部；三级解放勋章授予当时的团级、营级及其相当干部。解放战争时期直接领导国民党军队起义的人员（含 1950 年 6 月 30 日以后直接领导起义的），根据其功绩大小，分别授予解放勋章。1955～1957 年，全国共发放三级解放勋章 54879 枚，此枚勋章为罗旺扎布所有。

旺沁扎布的军用水壶

20 世纪 60 年代

宽 14.4、高 17.4、厚 8 厘米

旺沁扎布捐赠

内蒙古民族解放纪念馆藏

　　铝制。圆口，带盖。壶身呈扁椭圆形，平底。壶身为墨绿色，盖为黑色。壶盖加软木塞保证密封性，配有米黄色背带。

　　1945 年 8 月 11 日，抗日战争胜利前夕，伪兴安陆军军官学校的师生们，在王海山等人的带领下，杀死日本军官，举行起义。旺沁扎布参加了此次起义。1948 年 2 月，旺沁扎布加入中国共产党。他跟随所在的骑兵第二师参与了解放哲里木盟（今内蒙古自治区通辽市）的战役。哲里木盟解放后，骑兵第二师在东北战场上配合东北野战军发起秋季和冬季攻势。在 1950 年 10 月 1 日的国庆阅兵式上，旺沁扎布作为受阅骑兵方队中黄马方队的指挥，接受毛泽东主席和朱德总司令的检阅。

敖门达赉的革命烈士证明书

1983 年 12 月 18 日

纵 35.2、横 60 厘米

敖门达赉亲属捐赠

内蒙古民族解放纪念馆藏

　　纸质。横排彩色套印，个人信息部分手写。该证明书由中华人民共和国民政部于 1983 年 12 月 18 日颁发，对敖门达赉在人民解放战争中的英勇表现予以褒扬。

　　敖门达赉（1906～1948），曾任内蒙古骑兵第十一师副师长、内蒙古军区兵站部参谋长。

　　1947 年夏秋之交，锡林郭勒盟乌珠穆沁旗爆发叛乱。匪首胡图凌嘎纠集 500 余人在锡察地区烧杀抢掠，阻断交通，破坏区乡政权，捕杀地方干部和进步群众，形成了一股危害极大的土匪武装。1948 年 10 月，胡图凌嘎、仁钦道尔吉两股匪帮合流，对锡察解放区的安全构成了严重威胁。12 月 8 日，中共察哈尔盟工委代理书记肖诚、察哈尔盟盟长苏剑啸带领 20 多名同志由贝子庙返回察哈尔盟途中，在阿巴嘎旗沙布日台遭胡图凌嘎匪帮 200 余人的包围，虽奋力抵抗，终因腹背受敌、众寡悬殊，除突围的几名同志外，肖诚、苏剑啸等 18 名同志全部牺牲。不久，胡图凌嘎部袭击了锡林郭勒盟的农乃庙兵站，敖门达赉就在这次战斗中壮烈牺牲。

　　内蒙古共产党工作委员会和内蒙古自治政府迅速在贝子庙成立了临时剿匪指挥部，由王再天任总指挥、奎璧任政委，同时调集部队展开大规模剿匪行动。经过近半年的艰苦作战，1949 年 5 月 5 日，剿匪部队终于在锡盟西乌珠穆沁旗北部包围了胡图凌嘎匪帮 300 余人，除 7 名匪徒被击毙外，其余全部被俘获。内蒙古各族军民最终取得了剿匪斗争的胜利。

中国人民解放军内蒙古军区骑兵第一师历史资料

1984 年

纵 26.2、横 18.8、厚 1.5 厘米

内蒙古自治区呼和浩特市征集

内蒙古民族解放纪念馆藏

　　纸质。横排油印。此资料为巴音图、嘎力、巴图阿四楞、胡泊等编，内蒙古军区党史资料征集小组办公室印。胡昭衡为资料撰写序言，巴音图撰写结束语。资料内容包括内蒙古骑兵第一师的组织史、军史、战史。附录中统计了骑兵第一师参加的大小战斗 169 场、排以上牺牲干部 50 名，并有历次战斗功绩榜、战绩统计等。

　　内蒙古骑兵第一师，其前身由参加 1945 年葛根庙抗日武装起义的伪满兴安陆军军官学校官兵和农牧民子弟组成。1945 年 10 月 2 日，成立了兴安中部区民警大队；12 月 1 日，改称王爷庙街警备总队。1946 年 1 月底，改编为东蒙古人民自治军骑兵第一师。5 月 26 日，改称内蒙古人民自卫军骑兵第一师。1948 年 1 月 1 日，改称内蒙古人民解放军骑兵第一师；1949 年 5 月，改称中国人民解放军内蒙古军区骑兵第一师。1952 年 6 月，骑兵师撤销番号，组建了军分区。

　　在中国共产党的领导下，这支英勇善战的部队参加剿匪除霸，保卫土改成果，参加东北解放、全国解放、西藏平叛和抗美援朝战争，为内蒙古乃至全中国的解放以及世界和平做出了重要贡献。

　　内蒙古骑兵第一师走过了艰苦卓绝的战斗历程，立下赫赫战功，在中国革命的道路上留下了不可磨灭的光辉足迹。

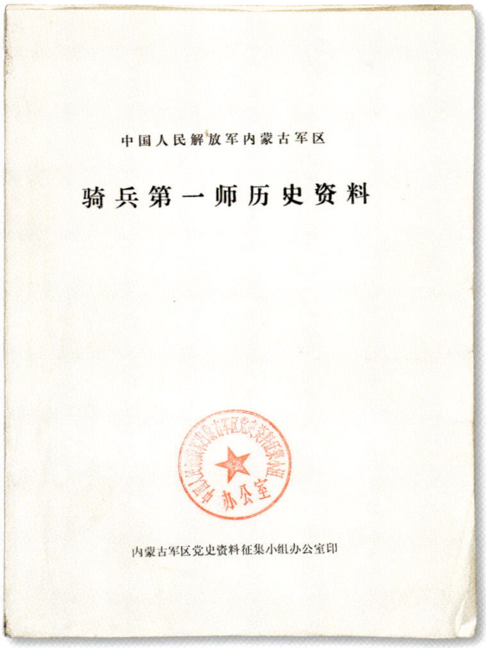

中国人民解放军内蒙古军区

骑兵第一师历史资料

办公室

内蒙古军区党史资料征集小组办公室印

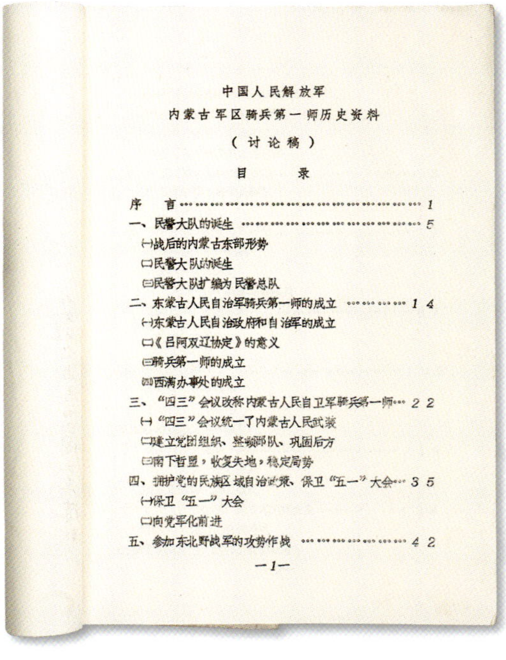

中国人民解放军

内蒙古军区骑兵第一师历史资料

（讨论稿）

目　　录

—1—

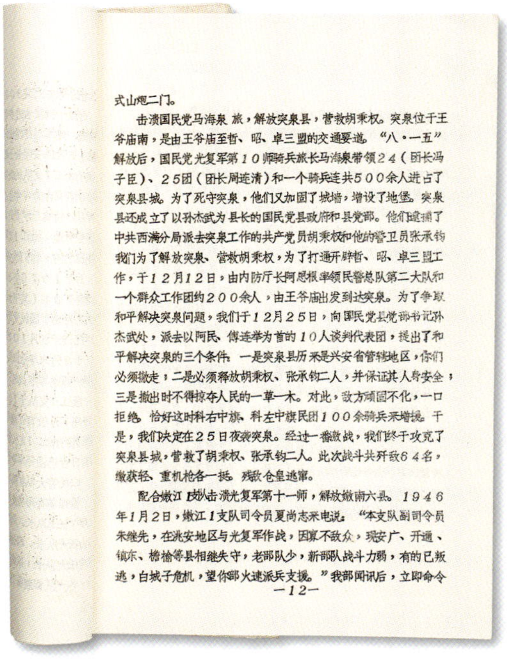

式山炮二门。

击溃国民党马海泉旅，解放突泉县，营救胡秉权。突泉位于王爷庙南，是由王爷庙至哲、昭、卓三盟的交通要道。“八·一五”解放后，国民党光复军第10师骑兵旅长马海泉带领24（团长冯子臣）、25团（团长周连清）和一个骑兵连共500余人进占了突泉县城。为了死守突泉，他们又加固了城墙，增设了地堡。突泉县还成立了以孙杰武为县长的国民党县政府和县党部。他们逮捕了中共西满分局派去突泉工作的共产党员胡秉权和他的警卫员张承钧我们为了解放突泉、营救胡秉权，为了打通开辟哲、昭、卓三盟工作，于12月12日，由内防厅长阿思根率领民警总队第二大队和一个群众工作团约200余人，由王爷庙出发到达突泉。为了争取和平解决突泉问题，我们于12月25日，向国民党县党部书记孙杰武处，派去以阿民、傅连举为首的10人谈判代表团，提出了和平解决突泉的三个条件：一是突泉县历来是兴安省管辖地区，你们必须撤走；二是必须释放胡秉权、张承钧二人，并保证其人身安全；三是撤出时不得掠夺人民的一草一木。对此，敌方顽固不化，一口拒绝。恰好这时科右中旗、科左中旗民团100余骑兵来增援。于是，我们决定在25日夜袭突泉。经过一番激战，我们终于攻克了突泉县城，营救了胡秉权、张承钧二人。此次战斗共歼敌64名，缴获轻、重机枪各一挺。残敌仓皇逃窜。

配合嫩江1支队击溃光复军第十一师，解放嫩南六县。1946年1月2日，嫩江1支队司令员夏尚志来电说：“本支队副司令员朱继先，在洮安地区与光复军作战，因寡不敌众，现安广、开通、镇东、榆树等县相继失守，老部队少，新部队战斗力弱，有的已叛逃，白城子危机，望你部火速派兵支援。”我部闻讯后，立即命令

—12—

叁

中国共产党领导下的
内蒙古地区的经济建设

《中国土地法大纲》

1947 年 9 月 30 日
纵 17、横 12、厚 0.5 厘米
内蒙古自治区呼和浩特市征集
内蒙古民族解放纪念馆藏

　　纸质。横排油印。共 14 页。此大纲由冀东新华书店印刷发行，封面印有"中国土地法大纲""中国共产党全国土地会议通过"字样，并盖有"冀东建国学院第20009 号图书馆"红印。

　　《中国土地法大纲》是抗日战争胜利后，中国共产党公开颁布的第一个关于土地制度改革的纲领性文件，对解放区的土地改革运动起到了巨大的推动作用，并在当时的国民党统治区产生了广泛的政治影响。

　　1947 年，人民解放军由战略防御转入战略进攻的新形势，要求在解放区更加普遍深入地开展土地制度改革，以充分调动广大农民革命和生产的积极性，支援解放战争。1947 年 7～9 月，中共中央工作委员会在河北省平山县西柏坡村召开全国土地会议，制定了《中国土地法大纲》，明确规定废除封建性及半封建性剥削的土地制度，实行耕者有其田的土地制度。随后，中国共产党又明确了土地改革工作的总路线、总政策，即依靠贫农、团结中农，有步骤、有分别地消灭封建剥削制度，发展农业生产。土地改革运动由此走上健康发展的轨道，长期遭受地主阶级残酷压迫和剥削的广大农民在政治、经济上翻了身，生产积极性大为提高，大批青壮年加入人民军队或承担战争后勤工作，对解放战争的胜利起到了重要作用。

农民分地得到土地执照

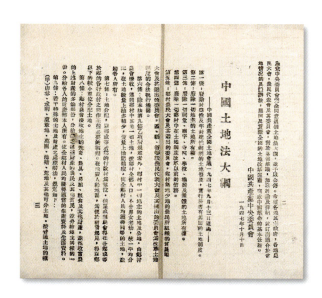

内蒙古地区在土地改革运动中使用的米斗、杆秤、铁刀

1947 年

米斗长 17.7、宽 8.6、高 11.2 厘米

秤长 18.5、宽 17.6、高 4.1 厘米

铁刀长 53.5、宽 14.4、高 3.1 厘米

内蒙古自治区兴安盟乌兰浩特市征集

内蒙古民族解放纪念馆藏

　　米斗为木质，平面呈方形，口大底小；杆秤由带有星点和锥度的木杆、金属秤砣、金属秤盘和砣绳等组成；铁刀通体红褐色，弧刃、弧背、短木柄，柄用粗布条和棉线绳缠裹，配有刀挡和护手环。

　　1947 年内蒙古自治政府成立后，所辖的纳文慕仁盟东南部、兴安盟东部、察哈尔盟南部均以农业为主，农业人口占较大比重。哲里木盟、卓索图盟、昭乌达盟的大部分地区也是农业区。这些地区在土地改革前，地主占有全部土地的 70%～80%，而各族农民却只占有全部土地的 20%～30%。各族农民不仅在政治上完全处于被压迫的地位，经济上也长期陷于极端贫困的悲惨境地。

农民兴高采烈分土地

　　1947年10月10日，中共中央颁布《中国土地法大纲》，内蒙古共产党工作委员会和内蒙古自治政府根据大纲精神以及"依靠贫农，团结中农，有步骤地、有分别地消灭封建制度，发展农业生产"的土地改革总路线，结合内蒙古地区的具体情况，制定了内蒙古解放区土地改革的基本政策。同年11月，内蒙古共产党工作委员会决定在内蒙古解放区农村开展土地改革运动，废除封建土地所有制，使各族农民摆脱封建地主阶级的压迫和剥削，实现耕者有其田。

　　通过轰轰烈烈的土地改革运动，内蒙古解放区的农村封建地主阶级土地所有制被废除，广大无地和少地的各族农民群众分得了土地、房屋等生产生活资料。摆脱了封建剥削和压迫的各族农民扬眉吐气，迸发出了前所未有的劳动热情，大力发展农业生产，使当地农业经济水平有了大幅提高。

1948 年乌兰浩特市房照

1948 年

纵 27.5、横 41.5 厘米

内蒙古自治区兴安盟乌兰浩特市征集

内蒙古民族解放纪念馆藏

　　宣纸质。右侧为"乌兰浩特市旗县女字第一四九五号""根据中国土地法大纲平分土地以后人民政府为确保农民房产所有权发给此房照为据""乌兰浩特市政府颁发""中华民国三十七年七月五日"等字样；左侧为其蒙古文翻译。下部为户主姓名、住址、共有人姓名、房基地、房屋等相关信息。上部中间盖有"乌兰浩特市政府印"红印。

　　房照即土地、房产的所有证明。土地、房产是农民的根本，而房照则是农民合法拥有土地、房产的依据，该房照是中国共产党领导广大贫苦农民进行土地改革、废除封建土地制度、翻身当家做主人的重要历史物证。

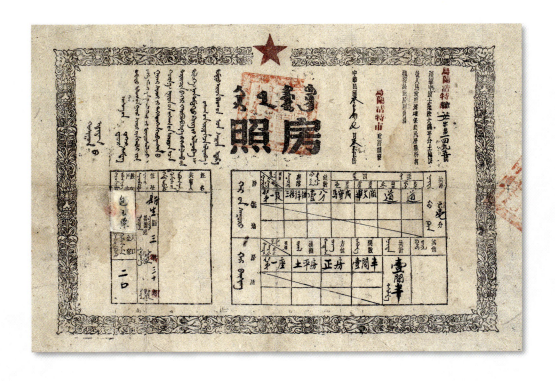

内蒙林矿总局呼伦贝尔分局护照

1948 年

纵 21、横 14.5 厘米

内蒙古自治区兴安盟乌兰浩特市征集

内蒙古民族解放纪念馆藏

　　纸质。竖排。该护照为内蒙古林矿总局呼伦贝尔分局的林字第 133 号护照。其上有"兹有刘万顺同志等一人因公干前往博克图事毕返回希沿途岗卡验照放行""有效期自 9 月 20 日起至 9 月 24 日止""内蒙林矿总局呼伦贝尔分局兼局长任光扬""中华民国三十七年九月二十日"等字样。并盖有"内蒙林矿总局呼伦贝尔分局印""任光扬印""张魁奇"等印章。

　　内蒙古自治政府林矿总局成立于 1947 年 5 月，是自治区人民政府主管林业工作的职能部门，归自治区农业委员会管理。1948 年 11 月改设为自治区林务总局。1949 年 2 月，在内蒙古自治政府林务总局机构内组建森林调查班，归林务总局计划科领导。1950 年，森林调查班改为内蒙古林野调查队。1952 年，内蒙古自治区人民政府将林务总局更名为内蒙古森林工业管理局，归自治区人民政府林业部管辖。1953 年 10 月，自治区林业部从乌兰浩特市随自治区人民政府迁往归绥（今内蒙古自治区呼和浩特市），自治区林业部在乌兰浩特市的办公地点改为自治区东部区林业部。1953 年冬，内蒙古林野调查队由乌兰浩特市迁到海拉尔市。1954 年，内蒙古林野调查队正式从自治区林业部机构中分离，实行独立机构建制。11 月，遵照自治区林业部的安排，全队人马从海拉尔迁回乌兰浩特市原内蒙古东部区林业部办公，接收自治区东部区林业部移交的机关院落。其主体办公建筑作为兴安盟红色历史文化旧址"纪念内蒙古自治政府时期内蒙古林矿总局办公旧址"保留至今。

内蒙古人民银行发行的一万元面额纸币

1949 年

纵 5.6、横 13.5 厘米

内蒙古自治区呼和浩特市征集

内蒙古民族解放纪念馆藏

　　正面为浅红色，中间为牧马图；图案两侧分别为蒙、汉文面额"壹万圆"，以及汉文"公私通用""内蒙旗县"字样；图案上、下分别为"内蒙古人民银行"和"中华民国三十八年印"字样。背面为灰蓝色，中间为勒勒车驮奶桶图案；图案两侧分别为蒙、汉文"壹万圆"，以及蒙古文"公私通用""内蒙旗县"字样；图案上、下分别为蒙古文"内蒙古人民银行"和阿拉伯数字"1949"。

　　内蒙古人民银行是在中国共产党的领导下、在解放区设立的银行之一，是按照《内蒙古自治政府施政纲领》第十一条规定"建立内蒙古银行，发行货币"而设立的。由于解放战争形势的需要，1947 年 5 月 1 日，内蒙古自治政府将东蒙银行改组为内蒙银行。内蒙银行运营期间，共发行四种"内蒙各旗县公私款通用地方流通券"，面值分别为二百元、五百元、二千元和五万元，在内蒙古解放区内流通。1948 年 6 月 1 日，内蒙银行改名为内蒙古人民银行。1950 年 7 月 1 日，锡林郭勒盟和原察哈尔盟的各地（旗）设立内蒙古人民银行支行。

　　内蒙古人民银行成立后，便发行了"内蒙古人民银行券"，即"新蒙币"。同时收兑前内蒙银行、东蒙银行，以及更早的兴安省政府等金融机构所发行的各种旧币。至此，内蒙古地区的货币得到了统一。

特木尔巴根的毛毯

1950 年

长 160、宽 80 厘米

特木尔巴根之女胡达古拉捐赠

内蒙古民族解放纪念馆藏

　　羊毛质。长方形。上有花纹，色彩艳丽，四周用红色棉麻织物镶边。

　　特木尔巴根（1901～1969），又名鲍仁山、札木苏、张成，蒙古族。1918～1924 年先后在国立蒙藏学校和北京大学就读，后走上革命道路。1925 年被中共北方区委选送到蒙古人民共和国中央党校学习，1929 年受共产国际派遣回国，在哲里木盟从事地下活动，日伪统治时期，在青年学生、伪军官兵中秘密宣传反日思想，发展进步力量。1946 年 5 月任兴安省政府主席、中共兴安省工委委员，1947 年 5 月当选内蒙古自治政府委员兼经济部部长，7 月任内蒙古共产党工作委员会委员。为内蒙古各族人民的解放和内蒙古自治区的建立做出了卓越的贡献。

　　内蒙古自治政府成立之时，全国尚未解放，内蒙古西部地区也尚未解放。由于长期的战争破坏，经济凋敝、物价飞涨、民不聊生，内蒙古自治政府的财政工作面临巨大困难。彼时政府财政资金来源或是依靠东北、华北解放区的帮助，或是依靠农、牧业税收就地自筹，或是组织动员社会资金参加商业活动。但是由于恢复生产、支援东北解放战争前线、巩固区域自治运动成果的重大任务迫在眉睫，尚未完成民主改革且所辖各盟、旗财政管理制度极不统一的内蒙古自治政府已是入不敷出。当时刚刚上任的经济部部长特木尔巴根带领全体干部深入基层、了解情况、召开会议、批阅材料，夜以继日，甚至一连几个月都没有回家看一眼，做了大量卓有成效的工作。在他的领导和带动下，在全体干部的团结一致、艰苦奋斗下，到 1949 年，内蒙古自治政府的财政状况有了很大好转，人民生活有所改善，同时有力地支援了解放战争。

苏谦益的公文包

1950 年
宽 32.8、高 23.5、厚 3.3 厘米
苏谦益之女苏小燕捐赠
内蒙古民族解放纪念馆藏

苏谦益

皮质。棕红色，长方形，右侧有提带，上方有拉链，内里有多个夹层。

苏谦益（1913～2007），祖籍山西省原平县（今山西省原平市），出生于内蒙古自治区呼和浩特市托克托县河口镇。1932 年加入中国共产党，参与建立了反帝大同盟等进步组织。抗日战争期间，苏谦益参加了大青山抗日游击根据地的建设。解放战争期间，先后担任中共绥蒙区党委副书记、中共绥远省委代理书记兼组织部部长等职务。

中华人民共和国成立后，曾担任中共绥远省委代理书记兼绥远军区副政委，内蒙古自治区党委副书记、书记处书记，中共包头市第一书记兼市长，内蒙古自治区人民政府副主席，中共中央华北局书记处候补书记、书记，北京工业学院党委书记、院长等职务。

苏谦益参与制定了土地改革和恢复经济文化等各项方针政策；领导了绥远省各族各界群众完成内蒙古民族区域自治等重大任务；在主持包头工作期间，为包头工业基地，特别是包钢、大型军工及其他企业，以及包头城市建设呕心沥血。这只公文包是他作出的这些重要贡献的历史见证。

杰尔格勒的工作证

1975 年 10 月 15 日

展开纵 9.3、横 13.5 厘米

杰尔格勒之女娜日森捐赠

内蒙古民族解放纪念馆藏

　　纸质。红色塑料封皮。封面纵向印有"工作证"三字。内页文字横排。左侧为基本信息及发证日期，并加盖公章；右侧为证件照及注意事项。此证件是杰尔格勒担任牙克石林管局党委书记时的工作证。

　　1975 年 10 月，杰尔格勒任牙克石林管局党委书记。作为林管局党委主要领导，他非常关心林区的党建工作，在他的有效管理下，各林业局、林场成立了党委会并规范了制度，各基层生产单位也成立了党支部和党小组。

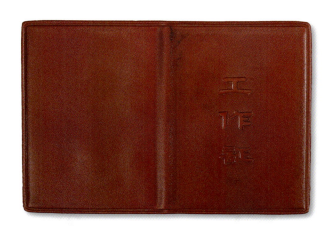

肆

中国共产党领导下的
内蒙古地区的卫生、教育、文化
事业发展

内蒙古人民自卫军第五师那吉屯军民医院诊断书

1947 年 6 月 17 日

纵 21、横 14.5 厘米

内蒙古自治区呼和浩特市征集

内蒙古民族解放纪念馆藏

　　纸质。竖排。此诊断书为内蒙古人民自卫军第五师那吉屯军民医院院长海玉明所开，左下角印有"内蒙古人民自卫军第五师那吉屯军民医院长印"印章和"海玉明"名章。

　　内蒙古自治政府成立后，为了提高人民健康水平，改善内蒙古地区长期以来缺医少药的状况，自治政府对医疗卫生工作进行了长远规划，在许多旗县设立了卫生院，由医务工作者组成的卫生工作队深入到广大农村牧区开展防病治病工作，开办医务训练班，在群众中普及卫生知识，位于扎兰屯的那吉屯军民医院就是其中之一。它既是军队医院，又为当地百姓提供医疗服务。通过采取一系列有效措施，内蒙古各族人民开始摆脱恶性传染性疾病的戕害，出现了人丁兴旺的新气象。

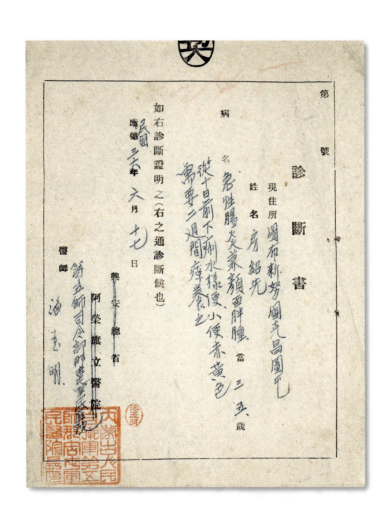

东北军政大学毕业证书

1947 年 7 月 7 日

长 10.2、宽 7、厚 0.3 厘米

哈森其其格捐赠

内蒙古民族解放纪念馆藏

　　封面为枣红色仿皮质，内页为纸质。封面正面有烫金"东北军政大学毕业证书"字样及烫金图案，背面有烫金"团结紧张活泼严肃""艰苦奋斗英勇牺牲"字样。扉页印有毛泽东题字"站在最前线"。此证书为来自兴安盟西科前旗（今兴安盟科尔沁右翼前旗）的四队学员哈森琪琪格从东北军政大学第九期毕业的毕业证书，由校长林彪、政委彭真、副校长何长工等签署。

　　东北军政大学的全称为"中国人民解放军东北军事政治大学"。其前身为从延安迁至吉林通化的抗日军事政治大学第一、第三分院。根据中共中央东北局和东北民主联军总部的指示，1945 年 12 月在吉林省通化地区组建东北军政大学。

　　为适应抗日战争胜利后的形势，东北军政大学组织训练和培养军队干部以及地方青年学员，教授他们马克思列宁主义哲学、政治经济学、科学社会主义、毛泽东军事思想等基础理论，以及解放战争的作战方针和作战原则，国内外形势和中国共产党的路线、方针、政策，攻防战术和射击、刺杀、投弹等内容，培养各民族军事、政治干部数千名。东北军政大学注重思想政治教育，强调理论联系实际，在当时特定的历史条件和环境下，学校将在校学习和实战训练有机统一，组织学员参加剿匪战斗、土改运动等，使学员们迅速成长为革命和生产的骨干力量。

东北军政大学学员毕业合影

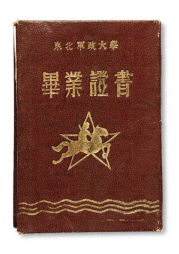

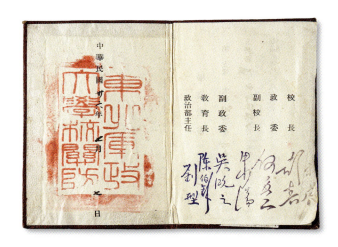

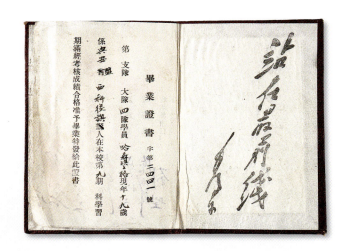

《军政大学一年》宣传册

1947 年 7 月

纵 26.4、横 19.3、厚 0.8 厘米

乌云娜捐赠

内蒙古民族解放纪念馆藏

纸质。封面为东北军政大学学员合照，扉页印有东北军政大学政委彭真题字"一心一意给东北人民做勤务员"。该书主要分为"毛主席的教学方向""学习生活一瞥""课外学习园地——俱乐部""投向革命怀抱坚决为人民服务到底""青年是追求理想的，青年是热爱真理的"等部分。由东北军政大学政治部编印，1947 年 7 月 1 日印发。

《军政大学一年》以图文并茂的形式记录了学员在校期间的学习训练和生活起居，以及运动赛事、文艺演出、植树农耕等活动。

《军政大学一年》内文插图

1. 晨光中吹响起床号　2. 上课　3. 竞赛

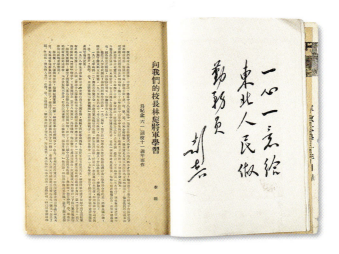

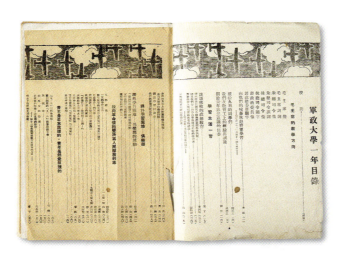

《关于成立内蒙古军政大学之决定》电文

1947 年 8 月 7 日

纵 25.5、横 17.7 厘米

内蒙古自治区档案馆征集

内蒙古民族解放纪念馆藏

纸质。竖排手写。电文内容为：

为了大量训练与培养忠实于蒙古民族及内蒙人民彻底解放事业的各种革命工作干部决定成立内蒙古军政大学。

一、以原来王爷庙内蒙古军政干部学校为基础，整理改编为内蒙古军政大学第一院。以训练曾在职及现在职的各级军事、行政、财经干部为主。

二、在齐齐哈尔成立内蒙古军政大学第二院。以培养军事及政治干部、政权干部、青年团工作干部、群众工作干部为主。

三、决定以云泽同志为内蒙古军政大学校长兼政委。

内蒙古共产党工作委员会

八月七日

1949 年 2 月 27 日内蒙古军政大学第三期全体教职员留影纪念

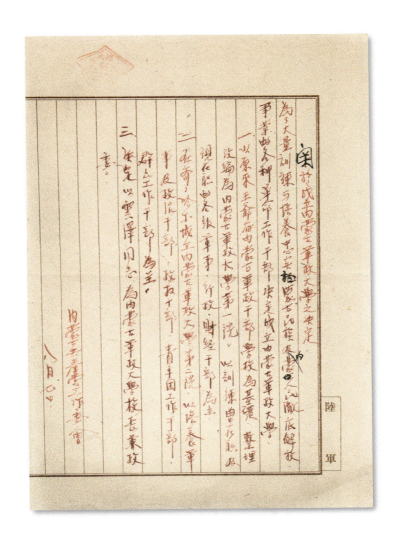

内蒙古自治政府成立后，为进一步加强中国共产党对内蒙古地区的领导，壮大干部队伍，提高各级干部的政治素质与工作能力，内蒙古共产党工作委员会和内蒙古自治政府先后开办内蒙古军政大学、内蒙古党校等院校，以适应军事斗争、地方政权建设、发展经济文化事业的需要。

1947年8月7日，内蒙古共产党工作委员会决定成立内蒙古军政大学，乌兰夫任校长兼政委、丁士一任教育长。并以乌兰浩特内蒙古军政干部学校为基础设立内蒙古军政大学第一院，同时在齐齐哈尔设立内蒙古军政大学第二院。内蒙古军政大学第一院和第二院分别于同年9月10日和11月1日正式开学。

赵石的工作日记（2 册）

1947 年

单页纵 12.7、横 7.5 厘米

赵石之女赵宏音捐赠

内蒙古民族解放纪念馆藏

　　纸质。手写。主要内容为赵石在哲里木盟（今内蒙古自治区通辽市）进行鼠疫防治工作期间的工作日记。

　　1947 年 6～7 月，内蒙古通辽、开鲁及科尔沁左翼中旗西部发生严重水患，造成了灾荒，同时又爆发了急性传染病——鼠疫。哲里木盟是鼠疫最为严重的地区之一。根据后来统计，全盟 178 个村屯发生了严重的鼠疫，发病 1.98 万人，死亡 1.56 万余人。

　　1947 年 9 月初，赵石起草了哲里木盟工委《关于〈全体党政军民紧急动员起来，开展全面的防疫保命立功运动〉的决定》，规定凡发生疫情的村镇，应立即以防疫工作为中心，其他工作暂停或结合防疫进行；号召全盟任何区域，均应进行广泛深入动员，宣传防疫常识，号召全体军民遵守防疫规定，英勇救人，舍己为群，立功有奖；严格纪律，违法论罪，严格通行证和注射证明管理等。

胡秉权、赵石（前排左二）等人的合影

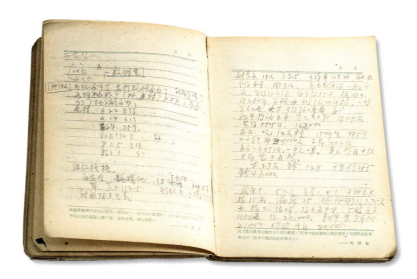

内蒙古军政大学第一、二期毕业生纪念章（各 1 枚）

1947～1948 年

单枚直径 3、厚 0.12 厘米

内蒙古自治区呼和浩特市征集

内蒙古民族解放纪念馆藏

均为铜质。正面均为珐琅工艺，图案基本一致。上部正中有一红色五角星图案，五角星中分别有 "1""2" 字样；中间为回鹘式蒙古文书写的 "内蒙古军政大学"；下部为一红色骆驼，站立在象征秋季草原的黄色底色上。背面分别为 "内蒙军大第一期毕业纪念章 64" 和 "内蒙军大第二期毕业纪念章新 16" 字样。

内蒙古军政大学旧址位于内蒙古自治区兴安盟乌兰浩特市五一北路东侧，现为兴安盟中级人民法院办公楼和 "五一大会" 旧址。内蒙古军政大学第一院主要以培养、训练在职的各级军事、行政、财政干部为主，第一期为 1947 年 9 月至 1948 年 4 月 2 日，第二期为 1948 年 6 月初至 11 月。

内蒙古军政大学第一届党代表大会全体合影

　　1948 年 9 月，内蒙古共产党工作委员会决定停办内蒙古军政大学第一院，在原址创办内蒙古党校。同年 11 月，中共内蒙古党校在乌兰浩特正式开学，乌兰夫任校长。1949 年 2 月，内蒙古军政大学复办，乌兰夫仍任校长兼政委。

　　内蒙古军政大学培养了大批地方政府干部、内蒙古人民解放军部队指战员以及各族青年，为内蒙古解放区各项事业输送了大量人才，使内蒙古干部队伍迅速发展壮大。

《内蒙东部区党校第二期招生规则》

1953 年

纵 26.7、横 35 厘米

内蒙古自治区呼和浩特市征集

内蒙古民族解放纪念馆藏

　　纸质。竖排铅印。落款为"党校组教处　一九五三年九月八日"。招生规则中对招生方式、学员身体条件、文化水平及汉语水平等进行了明确规定，细化了考试方法和及格的标准，并对各旗、市、县招生小组提出了招生后续工作要求。此招生规则充分考虑了当时的社会背景及干部文化水平，切合实际。

　　中华人民共和国成立不久，由于资本主义思想的侵蚀影响，少数党员滋长了追求享受、贪污腐化的资产阶级思想作风，工作中出现了强迫命令、违法乱纪现象和官僚主义作风，损害了党的威信和人民群众的利益。

　　根据中共中央和内蒙古分局的指示，内蒙古东部区第一届党代会于 1950 年 8 月 31 日召开。会议的中心议题是整党整风，以整风的精神检查思想、检查工作、安排生产，转变领导作风，改进工作，迅速恢复和发展东部区的国民经济。乌兰夫在会上讲了整党整干、开展批评和自我批评、克服脱离群众的官僚主义和命令主义等问题。东部区党委书记王铎代表东部区党委做了工作报告。这次会后，东部区的整建党工作全面开始。

　　在整建党工作中，东部区重点抓骨干训练和党员普训工作。1951 年冬，在全区范围内分期、分片地对党员进行了一次系统的共产党与共产主义教育，受教育的共有 20998 名党员，占党员总数的 64%，并训练了各类骨干 823 人。在普训的基础上，对各基层党支部进行了整顿。各支部和各位党员都依照支部和党员的标准条件，检查了自己的思想和工作，批判了官僚主义、命令主义、违法乱纪等不良作风。1951 年和 1952 年，有 1400 多个基层党支部、19000 多名党员参加了整顿。通过整党整风学习，广大党员思想觉悟普遍提高，党内不良作风大大减少，进一步巩固了党的组织，提高了党的威信，密切了党与人民群众的联系。

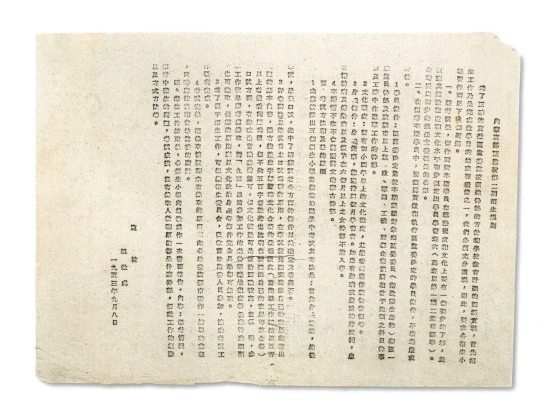

在整建党工作中，内蒙古东部区党组织发展壮大。区党委根据中央精神，在严格执行党员标准、严格履行入党手续的基础上，积极慎重地发展党员。到1952年底，共发展党员1280名，新建了47个基层党支部。整建党工作为东部区各项工作的开展打下了基础。1953年9月的这次招生就是训练干部工作的延续。

鲁迅文艺学院赠内蒙古文艺工作团锦旗

1947 年
纵 150、横 70 厘米
内蒙古自治区党史研究室征集
内蒙古民族解放纪念馆藏

　　丝绸质。呈长方形。以红色丝绸为底，上缝有白布剪出的楷体字。锦旗正中文字为"内蒙古人民艺术的先锋"，右上角为"内蒙古文艺工作团存"，左下方落款为"鲁迅文艺学院敬赠"。

　　1946 年 4 月 1 日，在乌兰夫的倡导和批准下，内蒙古文艺工作团在张家口成立。1947 年 3 月，内蒙古文艺工作团转移到王爷庙街。1947 年 5 月，内蒙古自治政府成立后，内蒙古文艺工作团根据内蒙古共产党工作委员会的指示，赴中共中央东北局（驻地在哈尔滨）汇报演出。期间，内蒙古文艺工作团深入根据地，在厂矿、农村、部队、学校等进行演出。在鲁迅文艺学院为师生们演出时，内蒙古文艺工作团精心安排了歌曲《蒙汉人民是一家》《蒙古青年进行曲》《诺恩吉雅》《义勇军进行曲》，舞蹈《游击队》《牧马舞》《马刀舞》《鄂尔多斯》《将革命进行到底》等节目，演出受到学院广大师生的热烈欢迎。鲁迅文艺学院师生们为表达敬重和感谢之情，连夜制作了这面锦旗献给内蒙古文艺工作团，使文艺工作团全体演职人员受到极大的鼓舞。

内蒙古文艺工作团演奏音乐

内蒙古文艺工作团表演舞蹈《鄂尔多斯》

齐齐哈尔乡赠内蒙古文艺工作团锦旗

1948 年 3 月

纵 73、横 144 厘米

内蒙古自治区呼和浩特市征集

内蒙古民族解放纪念馆藏

　　棉麻质。红底黑边，下方有草绿色棉线编织的网格，网格下缀有一排彩穗。锦旗中央分两行以黑色绒布裁贴"不眠不休为穷人　时刻难忘抚活恩"14 字，右侧为"为蒙文工团存"，左侧落款为"齐齐哈尔乡第四村农会赠"，下方落款为赠送时间"一九四八年三月二十五日"。

　　此锦旗为内蒙古文艺工作团在驻乌兰浩特期间，受西满军区政治部邀请到西满军区驻地齐齐哈尔第四农会慰问演出时获赠的。此锦旗表达了献旗者对内蒙古文艺工作团的赞誉和对中国共产党的感激之情，也体现了农牧民群众与文艺工作团的深厚感情。

　　内蒙古文艺工作团的前身为 1946 年 9 月 23 日在赤峰成立的卓索图盟文艺工作团和 1946 年 4 月 1 日在张家口成立的内蒙古文艺工作团。后内蒙古自治运动联合会决定把两支文艺宣传队伍合并，建立新的内蒙古文艺工作团，由周戈任团长，布赫任副团长。

　　内蒙古文艺工作团以延安来的一批文艺工作者为骨干，成员来自蒙古族、汉族、达斡尔族、鄂伦春族、鄂温克族、回族、满族、朝鲜族等多个民族。内蒙古文艺工作团演出以歌舞为主，兼演民族歌剧、话剧等，深受群众喜爱。

内蒙古文艺工作团到农村牧区宣传土改政策

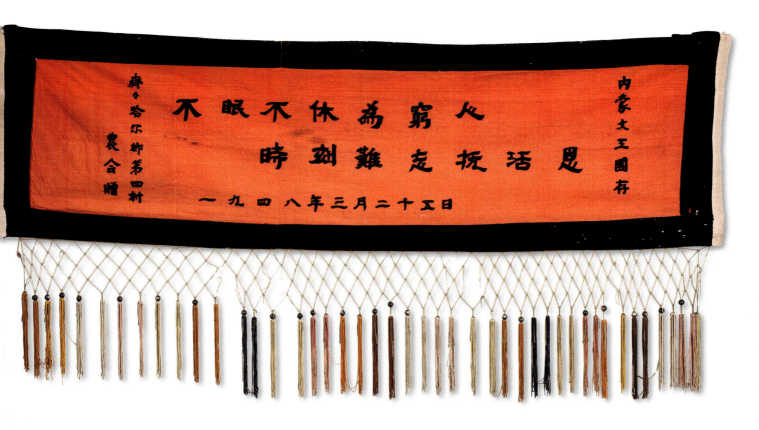

内蒙古文艺工作团使用过的钹（1 对）

1949 年
直径 18.3 厘米
内蒙古自治区兴安盟乌兰浩特市征集
内蒙古民族解放纪念馆藏

　　铜质。整体呈圆形。中部隆起，正中有纽，纽内穿红色布条用以持握。这对钹是内蒙古文艺工作团曾使用过的打击乐器。

　　内蒙古文艺工作团成立后，全团上下将时间和精力全部投入到宣传工作中。在辽沈战役期间，他们前往长春慰问前线作战的蒙古族骑兵部队和其他野战军部队以及伤病员，极大地鼓舞了战士们的斗志。沈阳解放后，内蒙古文艺工作团来到沈阳，为东北军政领导和各界人士演出，庆祝解放沈阳的巨大胜利，演出引起了轰动。

　　1949 年 10 月 1 日，布赫率领内蒙古文艺工作团一行 12 人赴北京参加开国大典的庆祝演出。他们演出的《牧马舞》《鄂伦春舞》等节目受到了热烈欢迎。毛泽东等中央领导走上舞台，亲切接见了内蒙古文艺工作团的演员们。1951 年，内蒙古文艺工作团改名为内蒙古自治区歌舞团。这对钹陪伴内蒙古文艺工作团走过了革命岁月。

1950 年 10 月，内蒙古国庆观礼团、内蒙古文艺工作团成员在北京天坛合影留念

察哈尔文艺工作团赠送给内蒙古文艺工作团的锦旗

1950 年

纵 133、横 74.5 厘米

内蒙古自治区党史研究室征集

内蒙古民族解放纪念馆藏

　　丝绸质。呈长方形。以红色丝绸作底，上有黄布剪出的楷体字，左、右、下三边有绿色丝绸制成的排穗。锦旗正中文字为"师我友我"，右上角为"内蒙古文艺工作团"，左下方落款为"察哈尔文艺工作团"。这是察哈尔文艺工作团赠送给内蒙古文艺工作团的锦旗。

　　1949 年 12 月下旬，随着全国解放战争形势的发展，内蒙古党政军机关根据党中央的指示，开始从乌兰浩特陆续向张家口搬迁，内蒙古文艺工作团也随之搬迁。1950 年初，内蒙古文艺工作团根据中共中央内蒙古分局的指示，开始在张家口地区深入宣传党的方针政策，宣传新中国的新人、新事、新气象，在与察哈尔文艺工作团进行交流演出时，特别编排了《将革命进行到底》《我们热爱和平》《农作舞》《牧马舞》等节目。这些节目深受察哈尔文艺工作团演职人员的喜爱，为此他们将此锦旗赠送给内蒙古文艺工作团，表达对内蒙古文艺工作团的尊敬和感谢。

《内蒙自治报》蒙古文版第105期

1947 年 10 月 31 日
纵 38.2、横 26.7 厘米
内蒙古自治区兴安盟乌兰浩特市征集
内蒙古民族解放纪念馆藏

　　纸质。竖排铅印。此报印发时间为 1947 年 10 月 31 日，社址为乌兰浩特市。此期内容包括王爷庙地区各地民众剿匪除霸、肃清反动特务取得胜利，妇幼积极协助参加秋收工作，关于批判解决内蒙古问题的几种错误思潮的社论，中国是半封建半殖民地的国家等。

　　《内蒙自治报》于 1946 年 7 月 1 日创刊，原名《群众报》，是内蒙古自治运动联合会东蒙总分会机关报。自第 60 期（1947 年 1 月 1 日）起改名《内蒙自治报》，仍接续之前的期号。内蒙古自治政府和内蒙古共产党工作委员会成立后，此报成为政府和党的机关报。初为双日刊，从 1947 年 11 月 15 日起改为日刊，版面则从 9 月 1 日起扩为对开 4 版。起初日销数百份，后增至 3000 余份。1948 年 1 月 1 日改名为《内蒙古日报》。

　　此报广泛地宣传了中国共产党的各项方针政策，对调动内蒙古地区广大群众参加内蒙古民族解放运动的积极性起了重要作用，是内蒙古自治运动的重要宣传媒介。

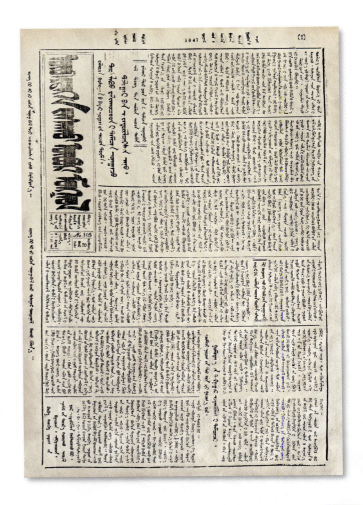

东北书店编《新生的内蒙》

1947 年 12 月

纵 18.4、横 13、厚 0.5 厘米

内蒙古自治区呼和浩特市征集

内蒙古民族解放纪念馆藏

　　纸质。竖排。封面图案为内蒙古自治政府旗帜。此书 1947 年 12 月由东北书店出版发行，东北日报二厂印刷，共印 5000 册。

　　此书的主要内容分为"内蒙自治运动的成就"和"内蒙人民的控诉与斗争"两部分。书中摘录了《内蒙自治运动中的两条道路》《内蒙古解放的道路》《内蒙自治运动的一年》《草原晴天》《福地王爷庙》《青年的觉悟》《妇女的新生》《蒙古人民的死敌》《揭穿蒋介石的大汉族主义》《蒙古人民的控诉》《内蒙人民的英雄主义》《骑士们服务在战勤线上》《团结翻身》《倒出来》《荒原上的民族友情》等进步文章。

　　东北书店是东北解放区集书刊编辑、印刷、出版为一体的宣传机构。东北书店于 1945 年 11 月成立于沈阳市，后辗转于本溪、海龙（今吉林省通化市梅河口市）、长春等地。1946 年 5 月 24 日到达哈尔滨。同年 6 月，书店部分人员奔赴佳木斯市，开展后方基地建设。书店成立之初受东北日报社领导，1948 年 1 月起由中共中央东北局宣传部直接领导。1949 年 7 月 1 日，经中宣部批准，改称"东北新华书店"。

哈尔滨东北书店门市部开业时的广告

东北书店总店借书处图章

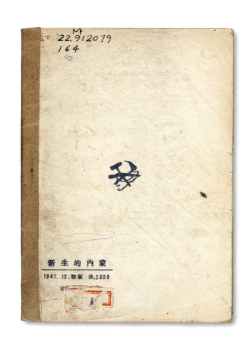

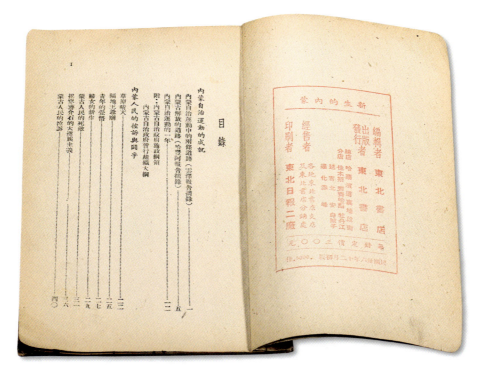

《草原之路》扫荡专刊第 9 期

1948 年 3 月 14 日

纵 37、横 26 厘米

内蒙古自治区兴安盟乌兰浩特市征集

内蒙古民族解放纪念馆藏

纸质。竖排油印。

《草原之路》创刊于 1947 年，刊头由徐一行题写，主编为扶轮套高、珠荣嘎等。最初刊期不定，后改为半月刊。初为石印，8 开 2 版（蒙汉文各 1 版）。后改为油印，8 开 1 版，仅有汉文。1948 年 3 月 1 日，因土改工作的需要，该报暂时改为"扫荡专刊"。1948 年 8 月更名为《西中报》。

该报为中共西科中旗委员会的机关报，主要任务是结合当时的群众运动，宣传党的各项政策，指导基层工作。主要内容有政策宣传、工作经验介绍、评论、消息报道等。每期印数较少，发行范围仅限于各机关、各区和基层干部。

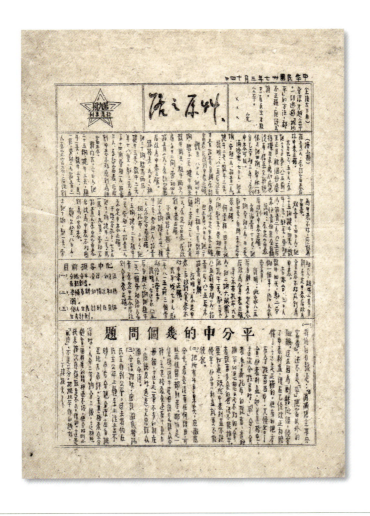

《中国革命与中国共产党》蒙古文版

1948 年

纵 17.5、横 12.5 厘米

内蒙古自治区呼和浩特市征集

内蒙古民族解放纪念馆藏

　　纸质。竖排铅印，平装。封面印有回鹘式蒙古文书名《中国革命与中国共产党》，以及"毛泽东文集""内蒙古自治政府文教部翻译科翻译""内蒙古日报社出版"等字；背面印有西里尔蒙古文"内蒙古日报社""乌兰浩特""1948 年"等字。

　　1939 年 12 月，毛泽东撰写了《中国革命和中国共产党》这一重要著作。这是中共六届六中全会上毛泽东提出"马克思主义中国化"这一命题后撰写的重要理论著作之一。此书主要分为"中国社会"与"中国革命"两部分。书中提出的新民主主义革命理论与《〈共产党人〉发刊词》《新民主主义论》等文章，是新民主主义理论的代表作。

《长征故事》蒙古文版

1948 年
纵 12.5、横 9、厚 0.6 厘米
内蒙古自治区呼和浩特市征集
内蒙古民族解放纪念馆藏

　　纸质。竖排油印，平装。封面上部印有回鹘式蒙古文书名《长征故事》，中间印有红军爬雪山过草地场景，下部印有回鹘式蒙古文"内蒙古日报社译印"。背面印有西里尔蒙古文"内蒙古日报社""乌兰浩特""1948 年"等字。

　　此书由著名翻译家、新闻人、作家都古尔苏荣翻译，内蒙古日报社出版，1948年在乌兰浩特市印刷。书中主要收录了《人民军队的诞生》《抢渡乌江和巧渡金沙江》《爬雪山过草地》等故事。

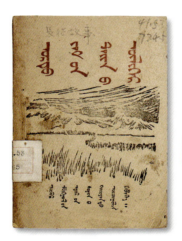

《内蒙古日报》内蒙古首届劳模大会专刊

1949 年 2 月 11 日

纵 53.4、横 37.2 厘米

内蒙古自治区呼和浩特市征集

内蒙古民族解放纪念馆藏

纸质。竖排铅印。此报为《内蒙古日报》第 345 期。第 1 版有《内蒙古首届劳模大会隆重举行开幕典礼》《在内蒙古劳模大会上云主席致开幕词》等文章和"劳模榜";第 2 版刊登了尹瘦石木版画《劳模会见云主席》。

内蒙古第一届劳模大会于 1949 年 2 月 9 日在乌兰浩特市开幕,参加这次大会的为各行业生产模范,包括领导组织群众生产有功绩的模范、在生产办法上有发明和创造的模范、全家勤劳生产发家致富的模范、积极生产拥军的模范、牧业生产模范、工业生产模范、副业生产模范等。

兴安盟政府举行首届劳模大会

《一万个为什么》蒙古文版

1949 年 6 月 20 日
纵 17.8、横 12.6、厚 0.3 厘米
内蒙古自治区呼和浩特市征集
内蒙古民族解放纪念馆藏

　　纸质。竖排铅印，平装。封面印有回鹘式蒙古文书名《一万个为什么》。该书由中国蒙古文新闻出版事业的奠基者之一玛尼扎布翻译，1949年由内蒙古日报社出版发行部在乌兰浩特市出版发行。

　　玛尼扎布（1921～1996），著名新闻工作者、作家、翻译家，在现当代蒙古族文学史和新闻出版史上占有重要地位。他出生于内蒙古自治区通辽市库伦旗皂户沁村，7 岁读私塾，16 岁考入王爷庙街兴安学院。从兴安学院毕业后，他于 1941 年初到长春从事编译工作，1945 年 6 月初返回王爷庙街参加革命。他一生中发表过诗歌、散文、长篇小说、历史著作、地名研究著作、译作等众多作品。

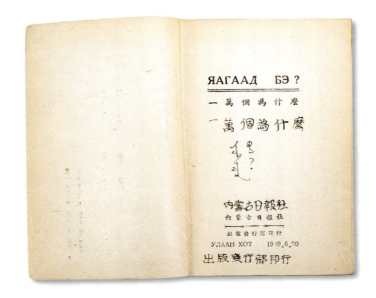

《学习与生产》蒙古文版

1949 年 6 月
纵 17.8、横 12.5、厚 0.3 厘米
内蒙古自治区呼和浩特市征集
内蒙古民族解放纪念馆藏

　　纸质。竖排铅印，平装。封面上部印有回鹘式蒙古文书名《学习与生产》；下部为头扎羊角毛巾的农民驱马犁地的图案。背面印有西里尔蒙古文"内蒙古自治区人民政府文教部编印""1949 年 6 月""乌兰浩特""2000 册"等内容。该书为内蒙古自治区人民政府文教部编印，是内蒙古自治区第一部技术方面的蒙古文教科书。主要分为"生产致富""组织""改善农业生产""副业生产""合作社"等部分。

　　内蒙古自治政府成立后，经过农村土地改革和牧区民主改革，解放了农牧区的社会生产力，为了使农牧业生产得到迅速恢复和发展，内蒙古共产党工作委员会和内蒙古自治政府采取了很多行之有效的措施。在农村，采取奖励与扶助生产的办法，发放农业贷款，以解决农业生产中的困难；同时在广大农民中提倡改进耕作技术，实行施肥、选种、多铲多耥和消灭虫害等多种措施。在牧区，设法解决劳动力不足和生产工具缺乏的问题，积极组织牧民防灾、打狼、打草、搭盖棚圈，并设立兽医机构，防治牲畜疾病。由于党和政府采取了一系列恢复生产的政策和措施，经广大农牧民积极努力，内蒙古的农牧业经济得到了迅速恢复和发展。1949 年内蒙古地区农业生产总值比 1946 年增加了 36.63%，全区牲畜总头数比 1947 年增加了 13.6%。

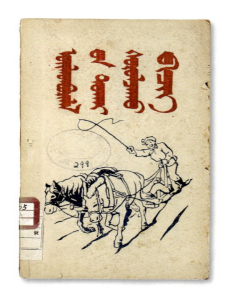

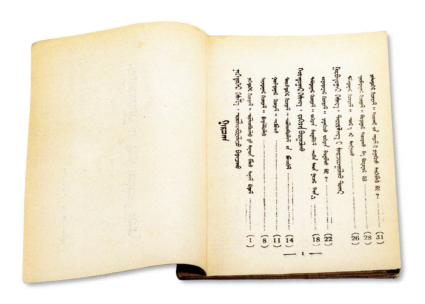

《内蒙古自治政府法律汇编》第一编

1949 年 10 月 1 日

纵 25.5、横 18.2、厚 1.5 厘米

内蒙古自治区呼和浩特市征集

内蒙古民族解放纪念馆藏藏

纸质。竖排油印，平装。封面印有回鹘式蒙古文书名《内蒙古自治政府法律汇编》及"内蒙古自治政府秘书处编""1949 年 10 月 1 日""自治政府内部资料禁止翻印"等字。

此书是 1949 年 10 月 1 日由内蒙古自治政府秘书处编写，为内蒙古自治政府内部使用的资料。此书为第一编，共 298 页，收录了内蒙古自治政府自 1947 年 5 月至 1949 年 10 月施行的重要法律，按总则、民政、财政、工商、畜牧、文化、交通运输、防疫卫生、内部安全等分类编排。

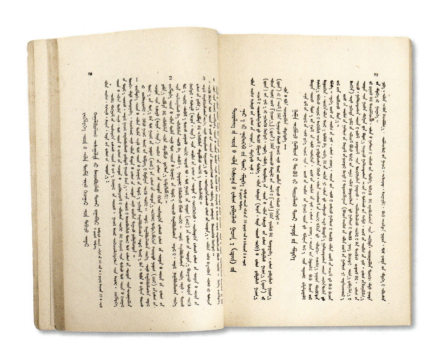

李井泉等著《锻炼立场与作风》

1949 年

纵 18.3、横 13、厚 0.3 厘米

内蒙古自治区呼和浩特市征集

内蒙古民族解放纪念馆藏

李井泉

　　纸质。竖排油印，平装。封面印有书名《锻炼立场与作风》以及著者、出版社等信息。此书由中国出版社于 1949 年 6 月出版发行，香港印刷合作社承印，大众书店总经销。

　　书中主要摘录了新华总社编辑部《锻炼我们的立场与作风》、新华社社论《学习晋绥日报的自我批评》、晋绥日报编辑部《不真实新闻客里空之揭露》、新华社晋绥分社《晋绥新闻界继续检举"客里空"》、李井泉《扩展反客里空运动》、新华社晋冀鲁豫分社《晋冀鲁豫加紧总结新闻工作》、新华社西北总分社《陕甘宁边区定期检查工作》、山东大众日报社《检查我们的立场和作风》、新华社晋绥分社《晋绥检举积压土改报道》、新华社晋绥分社《晋绥一位客里空被撤职》、新华社社论《贯彻为人民服务的精神》等文章。

　　书中提到的"客里空"，原是苏联剧本《前线》中的一个角色，此人惯于捕风捉影，后来泛指作风浮夸、弄虚作假的人。最先使用这个词的是《晋绥日报》。由《晋绥日报》发起，1947 年下半年在各个解放区同时开展了声势浩大的反对"客里空"的运动。1947 年 9 月 1 日，中共中央晋绥分局书记李井泉在"九一"记者节晚会上讲话，号召晋绥解放区开展反对"客里空"运动，反对虚假报道，捍卫新闻的真实性。

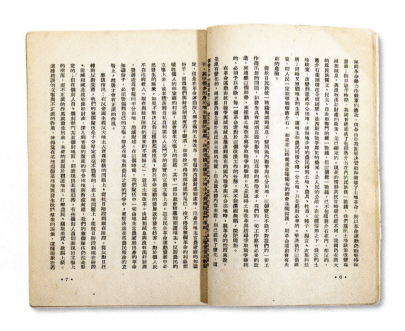

尹瘦石木版水印版画《劳模会见云主席》

1949 年

纵 24、横 33.6 厘米

内蒙古自治区呼和浩特市征集

内蒙古民族解放纪念馆藏

纸质。8 开，木版雕刻、彩色套印。荣宝斋出品。

1949 年 2 月，内蒙古首届劳模大会在乌兰浩特市隆重召开，内蒙古自治政府主席乌兰夫参加会议并致开幕词。内蒙古画报社第一任社长、著名画家尹瘦石根据劳模会见云主席的场景创作了此作品。

尹瘦石（1919～1998），江苏宜兴人，著名书画艺术家，曾任中国美术协会理事、北京画院副院长、中国文联执行副主席等。他的艺术创作始终紧踏时代节拍，深得郭沫若、徐悲鸿等文化巨擘的赞赏。1945 年，他在重庆为毛泽东画像，与柳亚子举办"柳诗尹画联展"；1946 年 3 月到晋察冀边区，任华北联合大学文艺学院教员；1947 年主编《内蒙古自治报》副刊及《内蒙古画报》。

《内蒙政报》合订本

1950 年 1 月 20 日
长 24.5、宽 17.5、厚 3 厘米
内蒙古自治区呼和浩特市征集
内蒙古民族解放纪念馆藏

　　纸质。竖排油印。此为《内蒙政报》第 1 卷第 1～5 期和特辑 1 期的合订本，为内蒙古自治区人民政府秘书处编。

　　1950 年 1 月，在中国共产党领导下，为加强内蒙古各级政权的建设，内蒙古自治区人民政府决定自当月起出版《内蒙政报》，原《内蒙古自治政府公报》停刊。《内蒙政报》系统地编辑、转载中央人民政府、东北人民政府及内蒙古自治区人民政府颁布的各项重要法令、条例、指示、决定等文件，并介绍各地重要工作报告和工作总结及其他参考资料，供各级同志学习，以期通过及时交流经验，提高干部思想觉悟，增进工作效能。

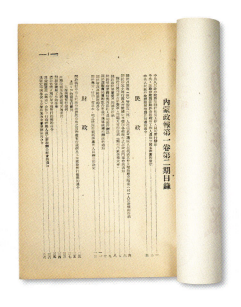

《内蒙古周报》蒙古文版第 22 期、48 期、51 期、90 期

1949 年 6 月～1950 年 12 月

纵 26、横 18.5 厘米

内蒙古自治区呼和浩特市征集

内蒙古民族解放纪念馆藏

　　纸质。竖排铅印，封面彩印，平装。其中第 51 和第 90 期为专刊。第 51 期为"毛泽东、斯大林专刊"，1949 年 12 月 25 日出版；第 90 期为"抗美援朝保家卫国专刊"，1950 年 12 月 25 日出版。

　　《内蒙古周报》蒙古文版于 1949 年 1 月 10 日创刊于乌兰浩特市，由内蒙古日报社出版。其前身是《人民知识》和《内蒙古日报》蒙古文版，这两本刊物当时存在牧区偏远、交通不便导致邮寄经常延误，以及编辑人员不足导致无法保证出版质量的问题。为解决这些问题，内蒙古日报社将两刊合并，改为《内蒙古周报》。《内蒙古周报》以提高广大人民的政治觉悟和文化水平为宗旨，内容主要选录《内蒙古日报》一周的消息，包括战况、一周国际新闻、政治常识、畜牧知识、生活常识、文学，以及新、旧蒙古文的学习等内容。自第 54 期起改在张家口出版。

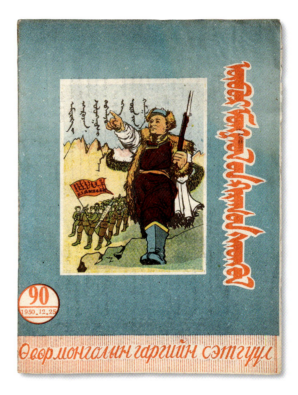

内蒙古报社编《内蒙古民族问题提纲》

1950 年
纵 18.3、横 12.8、厚 0.5 厘米
内蒙古自治区兴安盟乌兰浩特市征集
内蒙古民族解放纪念馆藏

　　纸质。竖排。封面正中印有红字书名《内蒙古民族问题提纲》，右上方印有"内蒙古报社编"，左下方印有"内蒙古出版社印行"字样。封面上共盖有 5 枚印章，从印章中可知此书为前郭旗直属机关干部政治学校所用书籍。

　　此书正文共收录了《蒙古民族和蒙古社会》《满清统治——蒙古民族的民族牢狱》《中国的商业资本高利贷的入侵及地主资产阶级的垦殖政策》《日本法西斯帝国对蒙古民族的侵略》《中国国民党对蒙古民族的大汉族主义政策》《中国共产党和蒙古民族》《蒙古民族解放运动中的两条路线》《内蒙古民族自治运动和内蒙古自治运动联合会》8 篇文章。附录中收录了乌兰夫、高岗、贾拓夫的文章及节录自斯大林著作《论民族问题》的《斯大林论大俄罗斯主义和地方民族主义倾向的实质》。

一九四三年八月。

《内蒙古青年》第 57 期

1952 年 1 月 18 日

纵 38.8、横 26.8 厘米

内蒙古自治区兴安盟乌兰浩特市征集

内蒙古民族解放纪念馆藏

　　纸质。竖排铅印。此期《内蒙古青年》主要刊登了《青年团中央委员会第二次全体会议关于开展增产节约运动的决议》《朝鲜谈判问题（上）》《青年团内蒙古委员会关于在春节和中苏友好运动周宣传活动的通知》《为每垧地多打三斗粮而奋斗》《生产救火宣传材料》《谈谈婚姻法》《改进领导作风　提高工作效率》等文章。

《内蒙古青年》是内蒙古人民革命青年团转为新民主主义青年团后，由内蒙古青年团团委创办的一份报纸。创刊于 1949 年 7 月 1 日，报社位于乌兰浩特市，每月出版 4～5 期。

《内蒙古骑兵》影集

1959 年 5 月

纵 37、横 26、厚 3 厘米

内蒙古自治区呼和浩特市征集

内蒙古民族解放纪念馆藏

　　纸质。精装。红色封面，封面文字及图案烫金。由中国人民解放军内蒙古军区政治部出版。

　　内蒙古军区部队是中国人民解放军的重要组成部分，是在中国共产党和各族人民的辛勤培育下成长起来的人民子弟兵。该影集主要记录了内蒙古骑兵部队在中国共产党的领导下，于解放战争中，在广大的东北战场、华北战场、西北战场、内蒙古各地区，与兄弟部队并肩作战，为推翻国民党反动派的反动统治、肃清内蒙古地区的匪患，进行艰苦卓绝、英勇顽强的战斗的经历。

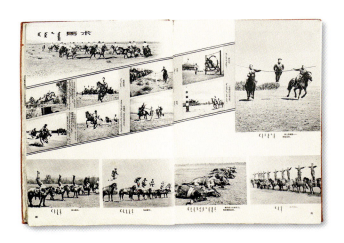

本书是对内蒙古民族解放纪念馆馆藏文物的系统性研究和展示，同时也为学界同仁和广大读者了解和研究中国共产党团结领导内蒙古各族人民探索、实践和成功实施民族区域自治这一历程提供了基础性资料。

　　在本书编纂过程中，兴安盟委宣传部、兴安盟文化旅游体育局党组给予了我们重要指示和大力支持。本书顾问任翔、钱玉成、尹建光等专家，不仅从宏观上对全书架构予以指导，也对编纂中的细节提出了许多建设性意见，为本书增色良多，在此表示衷心感谢。

　　尽管我们付出了大量努力，但受限于学识与能力，疏漏及可商榷之处在所难免，恳请方家指正。我馆将会进一步做好对馆藏文物的研究阐释工作并陆续出版相关书籍，望读者们一如既往地给予关注和支持。